PILARES DA IGREJA

COLEÇÃO ESPIRITUALIDADE BÍBLICA

- *A arte de ser discípulo. Ascese e disciplina: itinerário de beleza* – Amedeo Cencini
- *A cruz em Paulo. Um sentido para o sofrimento* – Agda França
- *A vida ao ritmo da Palavra. Como deixar-se plasmar pela Palavra* – Amedeo Cencini
- *Bem-aventurado sois... Memórias de duas discípulas* – Dolores Aleixandre
- *Meditações diante da Cruz* – Dom José Maria Pires
- *Narrar Jesus. Leitura orante de textos do Evangelho* – Dolores Aleixandre
- *Revela-me teu nome (Gn 32,30). Imagens bíblicas para falar de Deus* – Dolores Aleixandre

GERALDO LOPES

PILARES DA IGREJA

O PAPEL DA MULHER NA HISTÓRIA DA SALVAÇÃO

Dados Internacionais de Catalogação na Publicação (CIP)
(Câmara Brasileira do Livro, SP, Brasil)

Lopes, Geraldo
    Pilares da Igreja : o papel da mulher na história da salvação / Geraldo Lopes.
    -- São Paulo : Paulinas, 2015. -- (Coleção espiritualidade bíblica)

    ISBN 978-85-356-4035-9

    1. Mulheres - Conduta de vida   2. Mulheres cristãs - Vida religiosa -
Cristianismo 3. Mulheres no Cristianismo 4. Vida cristã I. Título. II. Série.

15-09791   CDD-248.843

Índice para catálogo sistemático:
1. Mulheres : Vida cristã : Cristianismo   248.843

DIREÇÃO-GERAL: *Bernadete Boff*
EDITORES RESPONSÁVEIS: *Vera Ivanise Bombonatto*
Antonio Francisco Lelo
COPIDESQUE: *Cirano Dias Pelin*
COORDENAÇÃO DE REVISÃO: *Marina Mendonça*
REVISÃO: *Ana Cecilia Mari*
GERENTE DE PRODUÇÃO: *Felício Calegaro Neto*
DIAGRAMAÇÃO: *Irene Asato Ruiz*
IMAGEM DE CAPA: *Anunciação – Fra Angelico*

1ª edição – 2015

Nenhuma parte desta obra poderá ser reproduzida ou transmitida
por qualquer forma e/ou quaisquer meios (eletrônico ou mecânico,
incluindo fotocópia e gravação) ou arquivada em qualquer sistema ou
banco de dados sem permissão escrita da Editora. Direitos reservados.

Paulinas

Rua Dona Inácia Uchoa, 62
04110-020 – São Paulo – SP (Brasil)
Tel.: (11) 2125-3500
http://www.paulinas.org.br – editora@paulinas.com.br
Telemarketing e SAC: 0800-7010081
© Pia Sociedade Filhas de São Paulo – São Paulo, 2015

Para Silvia Regina, minha esposa.
O seu carinho e a sua dedicação me permitiram
retornar à vida e ao trabalho.
Este livro não tem a sua mão, mas sua alma.

APRESENTAÇÃO

Há muito tempo eu cultivava a intenção de escrever este opúsculo. É uma justa homenagem que desejo prestar às mulheres. Filho de mãe viúva, pobre e analfabeta, conheci a força dessa mulher para transformar os três filhos em pessoas honradas e dignas. Posteriormente, nos trabalhos na favela, nas periferias de São Paulo e, principalmente, nos anos de trabalho missionário na África (Angola e Congo Democrático), conheci a extensão e a profundidade da força e do vigor daquelas mulheres pobres, e não pobres mulheres!

A princípio não tinha a intenção de fazer uma obra erudita, nem a fiz. Propositalmente não usei muita bibliografia, dando preferência à utilização da Bíblia.

Dividi o opúsculo em *três* partes desiguais. Parti de umas *considerações introdutórias sobre Maria* e seu papel na atual economia da salvação.

Uma segunda parte é *histórico-bíblica*. Nela busco ler, em sintonia de fé, a Palavra de Deus, procurando transcrever a função das mulheres que tiveram um papel proeminente na história da salvação ou como essa história vê o papel das mulheres na mesma. Esta parte é a mais importante e também a mais longa.

A terceira e última parte é *eminentemente histórica*. Nela transcrevo a biografia de algumas mulheres de várias idades e condições dos primeiros séculos da Igreja, também chamadas de *Mães da Igreja*, mostrando a força e o vigor da adesão a Cristo e à sua Igreja.

Propositalmente busquei escrever um trabalho simples na linguagem e na sua apresentação crítica. As citações são as que considero essenciais para a compreensão do texto. Espero ter alcançado o meu intento.

I. CONSIDERAÇÕES INTRODUTÓRIAS

MARIA, A MÃE DE JESUS[1]

Neste primeiro capítulo quero sublinhar, de forma despretensiosa e carinhosa, o papel da Mãe de Jesus na vida da Igreja nos seus começos. Um canto religioso, no Brasil, sintetiza: *Maria que fez o Cristo falar, Maria que fez Jesus caminhar, Maria que só viveu pro seu Deus. Maria do povo meu...*

Eis, de forma sintética, o papel primordial de Maria na história da salvação. Uma primeira verdade aparece clara desde o início: *para salvar a humanidade Deus precisa da cooperação das pessoas.* Ele não agiu de modo diverso na vida terrena de seu Filho. Jesus nasceu pequeno e indefeso como toda e qualquer criança. Precisou dos cuidados maternos. E naturalmente foi dessa mãe que recebeu quer os traços físicos, quer as principais características de humanidade e da sua cultura.

A comunidade onde Jesus viveu reconheceu essa verdade. Os evangelhos, quando narram o início da vida pública de Jesus, afirmam que *ele tinha cerca de trinta anos e era tido como filho de Maria e José* (cf. Lc 3,23). A humanidade de

---

[1] MENEZES SILVA, Valdenira Nunes de. Maria, a Virgem escolhida por Deus. In: *Mulheres da Bíblia.* Disponível em: <http://campenhe-mulheres.blogspot.com.br/search/label/MARIA>. Acesso em: 13 nov. 2014.

Jesus é reconhecida com clareza e sem titubeios. Esse foi o projeto explícito do Pai: *a humanidade do Filho é veículo de comunicação de graça e de salvação.*

MARIA DE NAZARÉ: FATOS LIGADOS AOS EVANGELHOS SINÓTICOS

Filha do seu povo, Maria de Nazaré ensina seu Filho a falar. Dela ele aprende a chamar Deus de Pai: *Abbá.* A tradução pode ser *papai, paizinho, painho.* Imaginemos com que ternura a mãe Maria tratava seu Filho e o corrigia, ensinando-lhe os elementos fundamentais da cultura do seu povo.

Vamos seguir os passos dos evangelhos da infância: o *evangelho da alegria.* Nos primeiros evangelhos conservamos os dados da vida histórica de Jesus de Nazaré. Os dois primeiros capítulos do Evangelho de Lucas recebem o nome de "evangelhos da infância". Neles se encontram alguns mistérios fundamentais da encarnação: a *anunciação* do Anjo, a *visitação* das duas mulheres-mães e a *apresentação* no Templo com o reconhecimento público de Jesus.

A anunciação do anjo

Na anunciação do anjo Gabriel, a apresentação de júbilo é explícita: "Alegra-te, Maria, cheia de graça. O Senhor está contigo. Tu és bendita entre todas as mulheres e bendito é o fruto do teu ventre" (cf. Lc 1,28.42).

Tais palavras ressoaram de modo estranho nos ouvidos de Maria. Ela dá ao anjo a única resposta que uma pessoa crente pode dar a seu Deus: "Eis a serva do Senhor. Faça-se em mim segundo o que me disseste" (cf. Lc 1,38). Essa tornou-se a afirmação da soberania de Deus. Maria faz-se a Mãe dos crentes de todos os tempos. Mais tarde seu Filho irá proclamar: "Toda pessoa que faz a vontade de meu Pai é minha Mãe e meu irmão" (cf. Mt 12,50; Mc 3,31-35). Mateus salienta aqui que a família de Jesus são os seus discípulos, isto é, a comunidade dos que já se dispõem a segui-lo. São eles que aprendem os ensinamentos de Jesus para levar às demais pessoas. São eles que trilham o caminho da vontade do Pai, isto é, a obediência à radicalização da lei proposta por Jesus. Desse modo, começa nova geração diferente da geração má dos fariseus.

Na saudação do anjo aparece um outro elemento essencial da personalidade de Maria: ela é "cheia de graça". A graça é o dom por excelência do Novo Testamento. Cheia de graça é o novo nome de Maria. A pessoa que acredita torna-se, ela também, cheia de graça. O dom da graça veio ao mundo pela fé manifestada por Maria.

"O Senhor está contigo, bendita és tu entre as mulheres" (cf. Lc 1,42), continua a saudação do anjo. Entre todas as mulheres do mundo Maria é abençoada pelo fruto do seu ventre, o Filho de Deus. Para se tornar um de nós, eis o "plano de Deus – aprouve, dirá São Paulo: nascer de uma mulher" (cf. Gl 4,4), fazendo-se homem como todos os seus irmãos e irmãs. Mais tarde o sábio Tertuliano irá dizer que "a carne só poderá ser salva pela carne".[2] Isto significa o respeito de Deus pelo seu projeto, que foi considerado, no final da criação do ser humano, como "muito bom", segundo a afirmação das páginas do Gênesis (cf. 1,10.12.18.21.25). Esse projeto não foi destruído pelo pecado de Eva-Adão, mas aperfeiçoado e

---

[2]   Eis uma profunda afirmação de Tertuliano: "A carne recebe o banho para que sejam tiradas as manchas da alma; a carne recebe a unção para que a alma seja consagrada; a carne recebe a imposição das mãos para que a alma seja iluminada pelo Espírito; a carne nutre-se do corpo e do sangue de Cristo para que também a alma se sacie de Deus" (TERTULIANO. *La risurrezione dei morti*, VIII, 3).

restituído ao seu primitivo vigor pela "cheia de graça" – Maria. "Bendito é o fruto do teu ventre." Se toda mulher é abençoada e mesmo santificada pela vida que gera, o que não se dirá daquela que gerou o autor da própria vida? "Geraste quem te criou, ó Maria, tu és feliz!"

Diferente de Mateus, Lucas não cita a Escritura, mas lê o Antigo Testamento à luz da Páscoa. Os hinos são tecidos com textos do Antigo Testamento.

É o caso do hino de Maria, o *Magníficat*: "A minha alma engrandece o Senhor, e o meu espírito se alegra em Deus, meu Salvador". Este hino torna-se o canto reconhecido e jubiloso das comunidades de todos os tempos. Os personagens são descritos segundo os tipos do Antigo Testamento. Eis a transcrição desse canto das comunidades:

A minha alma engrandece o Senhor, e o meu espírito exulta em Deus, meu Salvador, porque atentou na condição humilde de sua serva. Desde agora, pois, todas as gerações me chamarão bem-aventurada, porque o Poderoso me fez grandes coisas; e santo é o seu nome. E a sua misericórdia vai de geração em geração sobre os que o temem. Com o seu braço manifestou poder; dissipou os que eram soberbos nos pensamentos de seus corações; depôs dos tronos os poderosos, e elevou os humildes. Aos famintos encheu de bens, e vazios despediu os ricos. Auxiliou a Israel, seu servo, lembrando-se de misericórdia (como falou a nossos pais) para com Abraão e a sua descendência para sempre (cf. Lc 1,46-55).[3]

---

[3] O cântico de Maria é o cântico dos pobres que reconhecem a vinda de Deus para libertá-los através de Jesus. Cumprindo a promessa, Deus assume o partido dos pobres e realiza uma transformação na história, invertendo a ordem social: os ricos e poderosos são depostos e despojados, e os pobres e oprimidos são libertos e assumem a direção dessa nova história. *BÍBLIA PASTORAL*. Paulus, edição on-line: nota a Lc 1,46-56.

João Batista é o tipo de Sansão e Elias. Isabel é Sara. Maria de Nazaré é a filha de Sião, segundo os profetas Sofonias (cf. 3,14) e Zacarias (cf. 9,9). Jesus é o Emanuel. É também Samuel, bem como Sansão e Isaac. O tema da anunciação encontra-se em Lc 1,26-38. Confira as anunciações de Isaac (Gênesis), Gedeão (Juízes) e Samuel. É uma história santa, própria da redação de Lucas e do seu modo de ver a situação do lugar e dos personagens. O anjo encontra a mulher casada (com José). Ela responde como as mulheres santas. É a "serva do Senhor" (Is 41,8; 1Sm 25,41).

A visita a Isabel (Lc 1,39-45)[4]

O menino *saltou* como em Rebeca (cf. Gn 25,22), sinal da *alegria messiânica*. Cumpre a palavra do anjo a Zacarias: "cheio do Espírito desde o seio da sua mãe". Vem a mim a *Mãe do meu Senhor*. É a primeira afirmação do *Kyrios*, da realeza de Jesus. Essa afirmação irá ser quarenta vezes empregada no Evangelho de São Lucas! Os hinos são *antológicos*. São o sinal da presença do Espírito Santo nos profetas.

O nascimento de João: a alegria dos hinos

Zacarias, pai de João, ficou mudo por não ter acreditado na mensagem do *anjo* e só voltou a falar depois da *circuncisão* de seu filho. A circuncisão ocorria após *oito dias* do nascimento de um menino. O nome era dado pelo pai (ou pela mãe), era o do avô, raramente o do pai. O relato é para cumprir a profecia do Templo.

---

[4] Ainda no seio de sua mãe João Batista recebe o Espírito prometido (cf. Lc 1,15). Reconhece o Messias e o aponta através da exclamação de sua mãe Isabel. *BÍBLIA PASTORAL*. Paulus, edição on-line: nota a Lc 1,39-45.

O nascimento de Jesus (Lc 2,1-21)

Pretende narrar o nascimento pobre, mas também o nome do Salvador (cf. Lc 2,1-20). Em João, as pessoas se perguntam: "Quem será?". Aqui, os pastores recebem uma resposta completa do céu.

Belém era considerada a cidade de David (cf. Mq 5,1). O recenseamento de Quirino foi em 6 d.C.,[5] pode ter havido outro antes da era cristã, pois havia um a cada doze anos. Os anjos agem como para personagens importantes. Os acontecimentos da salvação têm lugar durante a noite. Os pastores, que pertenciam à classe mais baixa e desprestigiada de Israel, foram os primeiros missionários da Boa-Nova da salvação.

A consequência é vital para o Novo Testamento. É no Filho de Maria, revestido de carne humana, que todos podemos chamar a Deus de Pai. O Novo Testamento, no Evangelho, diz que os pastores encontraram o Menino deitado "numa manjedoura" (Lc 2,12). Também os magos ofereceram os seus dons ao Menino, e prostrados o adoraram como Deus, após terem reconhecido a sua humanidade real (cf. Mt 2,11).

A apresentação no Templo (cf. Lc 2,2-40)

O ritual é feito pela mãe (cf. Lv 12,6-8), quarenta dias depois do nascimento para os meninos, oitenta para as meninas.

O resgate do primogênito é outro ritual diferente, feito pelo pai. Lucas aqui o uniu ao primeiro (cf. Ex 13,1-2; Nm 18,16). Simeão, um "pobre de Javé",[6] e Ana esperam o Messias,

---

[5] Cf. FLÁVIO JOSEFO. *Antiguidades judaicas*. vol. XV 11,2.

[6] A cena da apresentação de Jesus no Templo de Jerusalém apresenta uma catequese bem amadurecida e bem refletida, que procura dizer quem é Jesus e qual a sua missão no mundo. Antes de mais nada, o autor sublinha repetidamente a fidelidade da família de Jesus à Lei

e, tal como Zacarias e Isabel, criam hinos (cf. Lc 2,27-35). Há ainda a narrativa do crescimento de Jesus (cf. Lc 2,49-52), de João Batista (cf. Lc 1,80; ver 1,66), em sabedoria, como Moisés e Samuel, segundo o Judaísmo.

Simeão e Ana são, na cena evangélica que nos é proposta, figuras do Israel fiel, que foi preparado desde sempre para reconhecer e para acolher o Messias de Deus. Na verdade, quando Jesus aparece, eles estão suficientemente despertos para reconhecer naquele bebé o messias libertador que todos esperavam e apresentam-no formalmente ao mundo.[7]

Jesus entre os doutores (cf. Lc 2,41-50)

A peregrinação ao Templo, reduzida a uma só vez, era prescrita três vezes por ano. Desta peregrinação estavam dispensadas as mulheres e as crianças menores de treze anos. Maria e José desencontram-se do menino. Três dias depois, ao perguntarem um ao outro sobre o filho, descobrem que ele não está com a caravana.

Voltam, então, para procurá-lo em Jerusalém. Encontram-no a discutir com os doutores da Lei, no Templo. Maria diz ao filho: "Filho, porque agiste desta forma? Teu pai e eu, angustiados, te buscávamos". Jesus responde: "Por que me buscáveis? Não sabíeis que devo ocupar-me das coisas do meu Pai?" (Lc 2,48-49).

---

do Senhor, como se quisesse deixar claro que Jesus, desde o início da sua caminhada entre os homens, viveu na escrupulosa fidelidade aos mandamentos e aos projetos do Pai. Desde o início da sua existência terrena, ele entregou a sua vida nas mãos do Pai, numa adesão absoluta ao seu plano. A missão de Jesus no mundo passa por aí – pelo cumprimento rigoroso da vontade e do projeto do Pai. Disponível em: <https://www.catequisar.com. br/texto/materia/celebracoes/templo/05.htm>. Acesso em: 13 nov. 2014.

[7] Disponível em: <https://www.catequisar.com.br/texto/materia/celebracoes/templo/05. htm>. Acesso em: 13 nov. 2014.

É certo que Maria e José não compreenderam a resposta do Filho. Contudo, Jesus desce com eles para Nazaré. O menino crescia e era-lhes submisso em tudo.

Algumas considerações

Dos relatos da infância podemos retirar *estas afirmações seguras*:

- Maria é a Virgem desposada com José, filho de Davi.
- Recebeu do Anjo o anúncio da maternidade.
- Concebeu pelo poder do Espírito Santo, antes de ir coabitar com José.
- Deu à luz no tempo do rei Herodes, em Belém. Esse fato causou grande alegria aos que aguardavam o Messias.
- Vão viver em Nazaré.

Aparecem algumas afirmações teológicas:

- Jesus é filho de Abraão e de Davi, por meio de José.
- É denominado Cristo Messias, segundo as Escrituras.
- É gerado pelo poder do Espírito Santo.
- A virgindade de Maria, esposa de José, é proclamada, bem como o universalismo da salvação.

MARIA NO QUARTO EVANGELHO[8]

A Igreja de todos os tempos conservou a memória viva de Maria na vida de Jesus e da comunidade dos primórdios. Os dados da primeira tradição eclesial são encontrados nos

---

[8] Um primeiro dado interessante que ressalta à primeira vista é que João não menciona o nome "Maria". Ele dirige-se a Maria chamando-a "Mulher", ou "Mãe de Jesus" (seis vezes).

evangelhos e nos escritos posteriores: Evangelho de São João, cartas de São Paulo e Apocalipse.

O prólogo do quarto Evangelho começa com cinco versículos vitais:

No princípio era o Verbo, e o Verbo estava com Deus, e o Verbo era Deus. Ele estava no princípio com Deus. Todas as coisas foram feitas por intermédio dele, e sem ele nada do que foi feito se fez. Nele estava a vida, e a vida era a luz dos homens; a luz resplandece nas trevas, e as trevas não prevaleceram contra ela (Jo 1,1-5).[9]

Em Jo 1,14 está a afirmação da razão de ser da história da salvação no quarto Evangelho: "E o Verbo se fez carne, e habitou entre nós, cheio de graça e de verdade; e vimos a sua glória, como a glória do unigênito do Pai". O Verbo se fez carne sublinha o papel de Maria no projeto de salvação do Pai.

A explicação é simples: João gosta de apresentar certas pessoas como modelos de seguidores do próprio Jesus. Maria, portanto, é um modelo, uma figura símbolo que aceitou a mensagem de Jesus.

[9] O prólogo de João lembra a introdução de Gênesis (1,1-31; 2,1-4a). No *começo*, antes da criação, o Filho de Deus já existia em Deus, voltado para o Pai: estava em Deus, como a expressão de Deus, eterna e invisível. O Filho é a Imagem do Pai, e o Pai se vê totalmente no Filho, ambos num eterno diálogo e mútua comunicação. A Palavra é a Sabedoria de Deus vislumbrada nas maravilhas do mundo e no desenrolar da história, de modo que, em todos os tempos, os homens sempre tiveram e têm algum conhecimento dela. Jesus, Palavra de Deus, é a luz que ilumina a consciência de todo homem. Mas para onde nos conduziria essa luz? A Bíblia toda afirma que Deus é *amor e fidelidade*. Levado pelo seu imenso amor e fiel às suas promessas, Deus quis introduzir os homens onde jamais teriam pensado: partilhar a própria vida e felicidade de Deus. E para isso a Palavra se *fez homem* e veio à *sua própria casa*, neste seu mundo. *BÍBLIA PASTORAL*. Paulus, edição on-line: nota a Jo 1,1-18.

No quarto Evangelho, após ter tratado da primazia de Jesus, o evangelista afirma a sua realidade humana ao dizer "o Verbo se fez carne e veio habitar entre nós". Jamais se poderá separar a "carne" do Verbo da sua "divindade", encontramos, uma vez mais, o realismo da salvação. A "palavra carne", usada pelo evangelista João, significa a fraqueza e a limitação do ser humano. Jesus vem salvar a humanidade revestido da carne humana com todas as suas virtualidades e fraquezas.

A carne é a humanidade de Jesus – "E o Verbo se fez carne e habitou entre nós" (Jo 1,14). "Agora nos reconciliou no corpo de sua carne pela morte" (Cl 1,21c.22a). "Cristo padeceu por nós na carne" (1Pd 4,1). "Pelo novo e vivo caminho que ele nos consagrou pelo véu, isto é, pela sua carne" (Hb 10,20). Para resolver nosso problema de salvação, ele precisou ser um homem como os outros, exceto no pecado. Assim, tomou a nossa natureza para sofrer pelos nossos pecados e cumprir a exigência da justiça. Com o que ele sofreu na carne, abriu caminho para Deus. Sua obra foi classificada como reconciliação entre o pecador e Deus. No Tabernáculo e no Templo, havia um véu, uma cortina bem volumosa, impedindo a entrada do povo no Santo dos Santos. Quando Jesus morreu, o véu se rasgou de alto a baixo, significando que desaparecia a separação, o impedimento do acesso a Deus. O véu era tipo da carne ou da humanidade de Jesus (cf. Hb 10,20). Agora, por ele nós chegamos a Deus. Por isso Jesus é o único meio de salvação. "E em nenhum outro há salvação, porque também debaixo do céu nenhum outro nome foi dado entre os homens pelo qual devamos ser salvos" (At 4,12). E "só há um Mediador entre Deus e os homens, Jesus Cristo, homem" (1Tm 2,5). Sempre a sua humanidade. Se ele não fosse Deus e homem, não poderia salvar os outros seres humanos.

As bodas de Caná (Jo 2,1-11)[10]

Aquela por quem o "Verbo se fez carne" estava presente no primeiro sinal que Jesus operou. Diz João: "Três dias depois, houve um casamento em Caná da Galileia, e estava ali a mãe de Jesus".

Ela percebeu que o vinho se acabara. "Eles não têm vinho" (Jo 2,3). Recebeu uma resposta de Jesus: "A minha hora ainda não chegou" (Jo 2,4). Ela certamente compreendeu o que seu Filho quis dizer. Foi aos garçons e ordenou: "Fazei tudo o que ele disser" (Jo 2,5).

Ora, estavam ali postas seis talhas de pedra, para as purificações dos judeus, e em cada uma cabiam duas ou três medidas. Ordenou-lhes Jesus: "Enchei de água essas seis talhas" (Jo 2,7). E encheram-nas até em cima. Então Jesus ordenou: "Tirai agora. Levai ao mestre-sala" (Jo 2,8). E eles o fizeram. E as palavras do mestre: "[...] guardaste o bom vinho para o final" (Jo 2,10). Por intercessão de Maria aconteceu o "primeiro sinal operado por Jesus".

Como "serva" do Reino, Maria "sabia" os seus mistérios. Qualquer pessoa que segue Jesus nas bodas da humanidade com Deus pode interceder, como Maria, para que Jesus opere idênticas transformações miraculosas.

---

[10] Segundo João, a primeira semana de Jesus termina com a festa de casamento em Caná. João relata esse episódio por causa do seu aspecto simbólico: o casamento é o símbolo da união de Deus com a humanidade, realizada de maneira definitiva na pessoa de Jesus, Deus-e-Homem. Sem Jesus, a humanidade vive uma festa de casamento sem vinho. Maria, aliviando a situação constrangedora, simboliza a comunidade que nasce da fé em Jesus, e as últimas palavras que ela diz neste Evangelho são um convite: "Façam o que Jesus mandar". Jesus diz que a sua hora ainda não chegou, pois só acontecerá na sua morte e ressurreição, quando ele nos reconcilia com Deus. *BÍBLIA PASTORAL*. Paulus, edição on-line: nota a Jo 2,1-11.

Ainda no Novo Testamento encontra-se outra afirmação categórica de São Paulo: "Na plenitude dos tempos Deus enviou o seu Filho nascido de mulher: nascido em tudo segundo a lei" (Gl 4,4) Nele todos poderemos dizer a Deus: "*Abbá*, Pai". Esta é uma das afirmações mais fortes de todo o Novo Testamento.

O Livro do Apocalipse, entre outras afirmações, dirá que Maria é *o grande sinal* para a humanidade.

> Apareceu no céu um grande sinal. Uma mulher revestida de sol. Tinha a lua debaixo dos pés e uma coroa de doze estrelas na cabeça. A mulher estava grávida e o dragão a perseguia, querendo devorar o seu Filho. O Espírito veio em socorro da mulher, levando seu Filho apenas nascido para o deserto... (Ap 12,1-6).

Encontra-se aqui, uma vez mais, o realismo da ação salvífica de Deus que livra a "humanidade" da antiga serpente que a persegue desde o início, querendo perdê-la e devorá-la. Desde o começo o Novo Testamento é claro em suas afirmações: *é Deus quem salva a humanidade frágil e desprotegida.*

A saudação angélica, à qual faz eco a que lhe dirigiu a prima Isabel, torna-se a mais primorosa oração cristã depois da oração que o Senhor nos ensinou, o Pai-Nosso, com razão chamada "oração dominical" ou "oração do Senhor". À memória das ações de Maria que o povo cristão de todos os tempos e lugares carrega na lembrança, juntamos a recordação das mulheres de todos os tempos e que são verdadeiros *fundamentos* ou *pilares* da Igreja.

Ao pé da cruz (Jo 19,25-27)[11]

Maria acompanha seu Filho na fidelidade. Eis a afirmação do quarto Evangelho: estavam em pé, junto à cruz de Jesus, sua mãe, e a irmã de sua mãe, Maria, mulher de Cléofas, e Maria Madalena. Ora, Jesus, vendo ali sua mãe e ao lado dela o discípulo a quem ele amava, disse à sua mãe: "Mulher, eis aí o teu filho". Então disse ao discípulo: "Eis aí a tua mãe". E desde aquela hora o discípulo recebeu Maria em sua casa.

Quem seguir Jesus na fidelidade, até a cruz, torna-se filho de Maria.

A FORMAÇÃO DAS PRIMEIRAS CERTEZAS DA FÉ SOBRE MARIA

Há alguns que acreditam, erroneamente, que o culto à Santíssima Virgem Maria tenha surgido de interesses humanos, dentro da Igreja Católica. Porém duas ponderações precisam ser feitas. A *primeira*, a respeito da *Igreja*. Aquilo que a Igreja acredita hoje é o que ela sempre creu e confessou em todo tempo e lugar. A Igreja não se fez católica ao longo dos séculos. A Igreja de Cristo já nasceu católica. A *segunda ponderação* é a respeito de Maria, que desde o início da Igreja assumiu um papel importante na vida das comunidades cristãs. Ela não foi inserida na vida da Igreja depois de algum tempo. Maria não é um acessório da fé cristã, mas é *parte fundamental* na economia da salvação.

Já vemos Maria em At 1,14, reunida com a comunidade em oração. Aquela que antes já havia estado sob a sombra do

---

[11] A mãe de Jesus representa aqui o povo da antiga aliança que se conservou fiel às promessas e espera pelo salvador. E o discípulo amado representa o novo Povo de Deus, formado por todos os que dão sua adesão a Jesus. Na relação mãe-filho, o evangelista mostra a unidade e continuação do Povo de Deus, fiel à promessa e herdeiro da sua realização. *BÍBLIA PASTORAL.* Paulus, edição on-line: nota a Jo 19,25-27.

Altíssimo (Lc 1,35), agora, como mãe da Igreja, apresenta esta Igreja para receber o Batismo no Espírito Santo.

Também alguns Padres da Igreja, já nos primeiros séculos do Cristanismo, mencionam explicitamente a figura de Maria. Santo Inácio de Antioquia, no século II, cita-a em suas cartas. Santo Irineu de Lião, também no século II, fez um paralelo entre a Virgem Maria e Eva: esta, enganada pelo anjo infernal, é seduzida; Maria, entretanto, visitada pelo anjo de Deus, obedece ao chamado divino. Por isso acreditamos que Maria é a nova Eva. A primeira desobedeceu, foi soberba. Mas a nova Eva é obediente e humilde em tudo. Cito somente esses dois padres dentre os muitos que, já nos primórdios da Igreja, descobrem o papel importantíssimo que a Virgem Maria desempenhou, sendo, por isso, digna de veneração e imitação.

A virgindade

A primeira certeza de fé da comunidade cristã sobre Maria é a da sua *virgindade perpétua e íntegra*. Encontramos, já no século II, isto é, entre os anos 100 a 200 d.C., a afirmação categórica do filósofo leigo *Justino de Roma*:

> E novamente, como Isaías havia expressamente previsto que ele nasceria de uma virgem, ele declarou o seguinte: "Eis que uma virgem conceberá e dará à luz um filho, e seu nome será chamado 'Deus-conosco'. A frase "eis que uma virgem conceberá" significa certamente que a virgem iria conceber sem ter relacionamento sexual. Se ela tivesse relacionamento com qualquer um que fosse, ela não poderia ser virgem. Mas o poder de Deus, vindo sobre a Virgem, a encobriu, e a induziu a conceber, embora ainda permanecesse virgem.[12]

---

[12] *S. Justino mártir* 33. Também SANTO ATANÁSIO. *Apologia contra os arianos* 21.

Depois dele, no século III, encontram-se as afirmações fundamentais de *Hipólito de Roma*, que viveu de 170 a 235: "[...] e se fez homem na natureza, mas em separado da maldade: o mesmo era Deus perfeito, e o mesmo era o homem perfeito, o mesmo foi na natureza em Deus, uma vez perfeito e homem".

Ainda desta época é *Santo Irineu de Lião*, que viveu de 130 a 202, com a comparação entre a desobediência de Eva e a fé de Maria. Outros escritores desse período são *Orígenes* e *Santo Atanásio de Alexandria*, com sua afirmação categórica: "Portanto, que aqueles que negam que o Filho do Pai, por natureza, é adequado a esta essência, negam também que ele se tornou verdadeiro humano da sempre Virgem Maria...".

No século IV, encontramos *Santo Efrém*, o Sírio, que repete a afirmação de *Santo Atanásio de Alexandria*. Ele afirmava: "[...] assim como não há Redenção sem Jesus, assim não há Encarnação sem Maria".[13]

Muitas outras afirmações poderiam ser feitas a respeito. Contudo, as que foram transcritas demonstram o testemunho e a autoridade dos seus autores.

A maternidade divina

Estamos diante de vários mistérios unidos, que perfazem o grande e inaudito mistério da salvação. É estupendo, mas verdadeiro. É inédito e acima de qualquer inteligência humana, mas é obra, graça e vontade de Deus, e, como afirmou o anjo na hora da anunciação, *para Deus nada é impossível* (Lc 1,37).

---

[13] O Papa Bento XVI fala de Santo Efrém. Cf. Audiência de 28 de novembro de 2007. Disponível em: <http://www.vatican.va/holy_father/benedict_xvi/audiences/2007/documents/hf_ben-xvi_aud_20071128_po.html>. Acesso em: 13 nov. 2014.

Embevecido diante do mistério da maternidade divina de Maria, São Boaventura († 1274) compôs um longo hino de louvor à maneira do *Te Deum*. Destaco alguns versos:

> Os coros dos anjos, com vozes incessantes, te proclamam: santa, santa, santa, ó Maria, Mãe de Deus, mãe e virgem ao mesmo tempo! Os céus e a terra estão cheios da majestade vitoriosa do fruto do teu ventre! O glorioso coro dos apóstolos te aclama Mãe do Criador! Celebram-te todos os profetas, porque deste à luz o próprio Deus! A imensa assembleia dos santos mártires te glorifica como Mãe do Cristo. A multidão triunfante dos confessores prostra-se diante de ti, porque és o Templo da Trindade![14]

As primeiras comunidades cristãs reconheceram ainda a maternidade divina de Maria. Os primeiros Padres da Igreja não tinham nenhuma dificuldade em professar o título de Maria, Mãe de Deus, vendo nele uma decorrência natural da Encarnação.

A primeira grande afirmação é de *Irineu de Lião*: "A Virgem Maria, sendo obediente à sua palavra, recebeu do anjo a boa nova de que traria (*portaret*) Deus".[15]

Ambrósio de Milão irá afirmar, na segunda metade do século IV: "A primeira coisa que acende ardor na aprendizagem é a grandeza do professor. O que é maior do que a Mãe de Deus? O que é mais glorioso do que aquela a quem a própria Glória escolheu?".[16]

---

[14] NEOTTI, Frei Clarêncio. A maternidade divina de Maria. Disponível em: <http://franciscanos.org.br/?page_id=5528>. Acesso em 13 nov. 2014. É recomendável a leitura de todo o artigo. Transcrevi somente a parte final do mesmo.

[15] IRINEU DE LIÃO. *Contra as heresias* V 19,1.

[16] AMBRÓSIO DE MILÃO. *As virgens* 2,2.

A afirmação mais vigorosa vamos encontrar em *Gregório de Nazianzo*: "Se alguém não concorda que Santa Maria é Mãe de Deus, ele está em desacordo com a divindade".[17]

Em *Metódio* encontramos este verdadeiro hino confessante:

> *Salve a ti para sempre, Virgem Mãe de Deus*, nossa alegria incessante, pois para ti eu volto novamente. Você é o início de nossa festa; você é o seu meio e fim, a pérola de grande valor, que pertence ao reino; a gordura de cada vítima, o altar vivo do Pão da Vida. Salve, você tesouro do amor de Deus. Salve, você, fonte de amor do Filho para a criatura humana [...] você brilhava, doce dom-outorgante Mãe, com a luz do sol, você brilhou com os fogos insuportáveis da mais fervorosa caridade, trazendo no final, aquele que foi concebido de você [...] para manifestar o mistério escondido e indizível, o Filho do Pai invisível, o Príncipe da Paz, que de uma forma maravilhosa mostrou-se como menos do que toda pequenez.[18]

A Imaculada Conceição[19]

Quando Deus eleva alguém a uma alta dignidade, também o torna apto para exercê-la, ensina Santo Tomás de Aquino. Portanto, tendo eleito Maria para sua Mãe, por sua graça a tornou digna de ser livre de todo pecado, mesmo venial, ensinava Santo Tomás. Ao contrário, a ignomínia da Mãe passaria para o Filho. Nessa mesma linha afirmava Santo Agostinho de Hipona, bispo e doutor da Igreja, falecido em 430: "Nem se

---

[17] GREGÓRIO DE NAZIANZO. *Carta a Cledonius sacerdote* 101.

[18] METÓDIO. Oração sobre Simeão e Ana 14. Disponível em: <http://www.apologistas-catolicos.com.br/index.php/patristica/estudos-patristicos/617-pais-da-igreja-pre-efeso--e-o-titulo-maria-mae-de-deus>. Acesso em: 13 nov. 2014.

[19] AQUINO, Felipe. A história da Imaculada Conceição. Disponível em: <http://cleofas.com.br/a-historia-da-imaculada-conceicao/>. Acesso em: 13 nov. 2014. É muito útil ler todo o artigo.

deve tocar na palavra pecado em se tratando de Maria. Por isso, em respeito por aquele de quem mereceu ser a Mãe, por obra da sua graça, Deus a preservou de todo pecado".

Embora as três últimas verdades da fé sejam bem mais recentes (séculos XIX e XX), acrescentamos estas duas aqui, dado o fundamento bíblico-patrístico e a ligação com as duas da Antiguidade.

A assunção ao céu em corpo e alma[20]

O último, no sentido de mais recente, dos quatro dogmas marianos é o da assunção em corpo e alma ao céu de Maria, proclamado pelo Papa Pio XII, no dia 1º de novembro de 1950, festa de Todos os Santos. Esta verdade de fé só tem sentido considerada como consequência lógica da maternidade divina de Maria. Maria é uma criatura de Deus Criador, por isso mesmo teve um início e um final de vida na terra. No início, temos sua conceição imaculada, em previsão de sua maternidade divina. No final, temos sua assunção gloriosa, como coroamento de uma vida humana vivida sem pecado, "cheia de graça" (Lc 1,28), íntegra no corpo e na alma, inteiramente consagrada à missão para a qual Deus a escolhera.

A verdade de fé sobre a "assunção de Maria" ao céu em corpo e alma mostra *o valor do corpo humano, templo do Espírito Santo*. Também ele é chamado à glorificação. Nosso corpo não nos é dado para ser instrumento do pecado, para a busca do prazer pelo prazer, *mas para a glória de Deus*.

Esse dogma dá uma certeza: *Maria já alcançou a realização final*. Tornou-se, assim, um sinal para a Igreja que, olhando

---

[20] NEOTTI, Frei Clarêncio. Elevada ao céu em corpo e alma. Disponível em: <http://franciscanos.org.br/?page_id=5507>.

para ela, crê com renovada convicção nos cumprimentos das promessas de Deus. Também nós somos chamados a estar, um dia, com a Santíssima Trindade.

Olhando para o que Deus já realizou em Maria, os cristãos animam-se a lutar contra o pecado e a construir um mundo justo e solidário, para participar, um dia, do Reino definitivo.

Uma mulher já participa da glória que está reservada à humanidade. Nasce, para nós, um desafio: lutar em favor das mulheres que, humilhadas, não têm podido deixar transparecer sua grande vocação.

Em Maria a dignidade da mulher é reconhecida pelo Criador. Quanto nosso mundo precisa caminhar e progredir para chegar a esse mesmo reconhecimento!

Maria não está distante de nós. Crer na assunção é proclamar que aquela mulher que deu à luz num estábulo, entre animais, teve seu coração traspassado, viveu no exílio, foi exaltada por Deus e, por isso mesmo, está muito mais próxima de nós. A assunção mostra as preferências de Deus por aqueles que são pobres, pequenos e pouco considerados neste mundo.

Nossa vida está destinada a ficar, eternamente, com Deus. Uma irmã e mãe já está com Deus. *Nós somos hoje o que Maria foi um dia. Seremos, um dia, o que Maria é hoje!*

Maria, Mãe da Igreja

A Igreja sempre venerou Maria como sua mãe. Mesmo porque há uma razão lógica: ela é a Mãe de Jesus, cabeça da Igreja e a Igreja é o corpo místico de Cristo, princípio e primogênito de todas as criaturas celestes e terrestres (Ef 1,18). Por isso mesmo, Maria é a mãe de todos os que nasceram pelo Cristo, tornaram--se irmão de Cristo e em Cristo, e são herdeiros de sua graça, sua vida e sua glória. Foi, porém, em pleno Concílio Ecumênico

Vaticano II, no dia 21 de novembro de 1964, que o Papa Paulo VI deu solenemente a Maria o título de "Mãe da Igreja".[21]

O Concílio Vaticano II, que aconteceu de 1962 a 1965, não proclamou nenhum novo dogma sobre Maria. Suas afirmações mais importantes, contudo, estão contidas na constituição dogmática sobre a Igreja *Luz dos Povos*, a *Lumen Gentium*, como é conhecida com seu nome em latim.

Essa constituição, no capítulo VIII, trata da *Bem-Aventurada Virgem Maria Mãe de Deus no mistério de Cristo e da Igreja*. Nele Maria é apresentada com o título de *Mãe da Igreja e de Auxílio dos Cristãos e Cristãs*. O fato de este título vir dentro de uma constituição dogmática dá-lhe respaldo e autoridade. Pode ser chamado de o novo título *mariológico* do Concílio Vaticano II.

> Quando falamos de Maria como modelo, há o perigo de vê-la longínqua, ou ao menos fora de nós, como vemos os nossos heróis. Na verdade, Maria é parte essencial da Igreja. Podemos dizer que a Igreja está dentro de Maria e Maria está dentro da Igreja. Essa verdade foi acentuada, sobretudo, pelo Papa João Paulo II na encíclica *Redemptoris Mater*, que leva o sugestivo título: A Bem-aventurada Virgem Maria na vida da Igreja que está a caminho: "Existe uma correspondência singular entre o momento da Encarnação do Verbo e o momento do nascimento da Igreja. E a pessoa que une esses dois momentos é Maria: Maria em Nazaré e Maria no Cenáculo de Jerusalém" (n. 24). Depois de acentuar Maria no centro da vida da Igreja, conclui o papa: "A Virgem Maria está constantemente presente na caminhada de fé do Povo de Deus" (n. 35). "A Igreja mantém em toda a sua vida uma ligação com a Mãe de Deus que abraça, no mistério salvífico, o passado, o presente e o futuro; e venera-a como Mãe da humanidade" (n. 47).[22]

---

[21] Id. Maria Mãe da Igreja. Disponível em: <http://franciscanos.org.br/?page_id=5499>.

[22] Ler a reflexão em <http://franciscanos.org.br/?page_id=5499>.

II. A ILUMINAÇÃO DA SAGRADA ESCRITURA

INTRODUÇÃO GENÉRICA AO LIVRO DO GÊNESIS

Gênesis significa *nascimento, origem*. Neste livro podemos distinguir duas partes:

1. Origem do mundo e da humanidade (Gn 1–11). Os dois primeiros capítulos narram a criação do mundo e do homem por Deus. São duas composições que procuram mostrar o lugar e a importância do homem e da mulher dentro do projeto de Deus: eles são o ponto mais alto (Gn 1,1 a 2,4a) e o centro de toda a criação (Gn 2,4b-25). Feitos à imagem e semelhança de Deus, possuem o dom da criatividade, da palavra e da liberdade. Os capítulos 3-11 mostram a história dos homens dominada pelo mal e, ao mesmo tempo, amparada pela graça. Não se submetendo a Deus, o homem rompe a relação consigo mesmo, com o irmão, com a natureza e com a comunidade, reduzindo a história ao caos (dilúvio) e a sociedade a uma confusão (Babel).

2. Origem do povo de Deus (Gn 12–50). Nesta parte encontramos a *história dos patriarcas*, as raízes do povo que, dentro do mundo, será o portador da aliança entre Deus e a humanidade. O início da história do povo de Deus é marcado por um ato de fé no Deus que promete uma *terra* e uma *descendência*. A promessa de Deus cria uma aspiração que vai pouco a pouco se realizando em meio a dificuldades e conflitos. A missão de Israel é anunciar e testemunhar o caminho que leva a humanidade a descobrir e viver o projeto de Deus: ter Deus como único Senhor, conviver com as pessoas na fraternidade, e repartir as coisas criadas, que Deus deu a todos.

Os capítulos 37-50 apresentam a história de José, preparando já o relato do livro do Êxodo, onde se apresenta a mais grandiosa ação de Deus entre os homens: a libertação de um povo da escravidão.[1]

AS MULHERES NO ANTIGO TESTAMENTO[2]

Desde o início da criação o projeto de Deus foi salvar a humanidade com a igual contribuição do homem e da mulher. Vamos traçar, de modo resumido, o perfil de algumas dessas mulheres, seguindo a *ordem genética* dos livros do Antigo Testamento.

Eva, a mãe dos viventes[3]

A primeira mulher, na ordem da graça, é Eva, "a mãe dos viventes". Nos dois primeiros capítulos do livro das origens, o Gênesis, encontramos *duas* versões da criação de Eva. São também duas visões teológicas distintas, embora complementares.

---

[1]   Ler a introdução geral da *Bíblia Sagrada*, edição pastoral, correspondente ao Gênesis. Disponível em: <http://www.paulus.com.br/biblia-pastoral/_INDEX.HTM>.

[2]   Leia com proveito *As mulheres no Antigo Testamento*. Disponível em: <http://www.maxwell.vrac.puc-rio.br/12136/12136_4.PDF>. Acesso em: 13 nov. 2014.

[3]   CONSANI, Mara Bueno. Eva. In: *Mulheres da Bíblia*. Disponível em: <http://campenhe--mulheres.blogspot.com.br/search/label/EVA>. Eis uma pequena reflexão sobre Eva:

Gn 1 fala da criação do "nada", acentuando a *vontade absoluta* de Deus. Homem e mulher são criados totalmente iguais com a missão de "gerar" a vida, cuidar dela e dominá-la.

E disse Deus: "Façamos o homem à nossa imagem, conforme a nossa semelhança; domine ele sobre os peixes do mar, sobre as aves do céu, sobre os animais domésticos, e sobre todo réptil que se arrasta sobre a terra" (Gn 1,26).

Então Deus os abençoou e lhes disse: "Frutificai e multiplicai-vos; enchei a terra e sujeitai-a; dominai sobre os peixes do mar, sobre as aves do céu e sobre todos os animais que se arrastam sobre a terra" (Gn 1,28).

No segundo relato da criação, Gn 2, a acentuação é diversa e complementar, visando dar uma explicação à realidade atual da história. "E formou o Senhor Deus o homem do pó da terra, e soprou-lhe nas narinas o hálito da vida; e o homem tornou-se alma vivente" (Gn 2,7).

Segundo esse relato, o homem é colocado no Éden, o paraíso. Mas ele se sentia sozinho. O mesmo Deus viu que isso não era bom (Gn 2,19-20). Então o Senhor Deus fez cair um sono pesado sobre o homem, e este adormeceu. Tomou-lhe, então, uma das costelas, e fechou a carne em seu lugar. Da costela que o Senhor Deus lhe tomou, *formou a mulher* e a colocou diante do homem.

Este proclamou: "Esta é agora osso dos meus ossos, e carne da minha carne; ela será chamada varoa, porquanto

---

"*Seu caráter:* Ela veio ao mundo perfeitamente em paz com Deus e com seu marido, o único outro ser humano do planeta. Eva vivia no paraíso e desfrutava de todos os prazeres inimagináveis. Jamais conheceu vergonha, mal-entendidos, mágoa, separação, inveja, amargura, sofrimento ou culpa até dar ouvidos ao inimigo e começar a duvidar de Deus. *Seu sofrimento:* O fato de ter sido banida com o marido do paraíso e da presença de Deus e de que o primeiro filho foi um assassino e o segundo, vítima dele. *Sua alegria:* Provar o paraíso e receber a promessa de Deus de que seu descendente destruiria, no futuro, o inimigo" (Ibid.).

do varão foi tomada. Portanto deixará o homem a seu pai e a sua mãe, e unir-se-á à sua mulher, e serão os dois uma só carne" (Gn 2,23-24).

Eis a dignidade da mulher no projeto de Deus. Em nenhum momento se encontra que ela foi criada *inferior*. Criada igual ao homem, com a "função divina" de geradora e cuidadora da vida. O Senhor Deus abençoou este casal fonte da vida com uma bênção que não foi anulada nem mesmo pelo pecado.

Sara[4] e outras mulheres do "ciclo de Abraão"

A história de Abraão está diretamente ligada à história de toda a humanidade: com ele começa a surgir o embrião de um povo que terá a missão de trazer a bênção de Deus para todas as nações da terra. Esse povo será portador do projeto de Deus: toda nação que se orientar por esse projeto estará refazendo no homem a imagem e semelhança de Deus, desfigurada pelo pecado. O caminho começa pela fé: Abraão atende o chamado divino e aceita o risco sem restrições. Ele percorre rapidamente a futura terra prometida: isso mostra que o projeto do qual ele é portador é um projeto histórico, encarnado dentro da ambiguidade e conflitividade humana. O que Deus promete a Abraão? Simplesmente aquilo que qualquer nômade desejava: *terra* para os rebanhos e *filhos* para cuidar deles. Em outras palavras, o que Deus promete é exatamente aquilo a que o homem aspira para responder às suas necessidades vitais. E hoje, quais são as supremas necessidades do homem? Por trás das necessidades estão as aspirações e, dentro destas, a promessa de Deus.

---

[4] CONSANI, Mara Bueno. Sara. In: *Mulheres da Bíblia*. Disponível em: <http://campenhe-mulheres.blogspot.com.br/search/label/Sara>. Acesso em: 13 nov. 2014. A Bíblia traz várias outras referências à figura de Sara. Cf.: Gn 1–20; 16,1-8; 17,1-22; 18,1-15; 21,1-13; Gl 2,31.

O Livro do Gênesis traz uma galeria de mulheres cujo papel foi importante no projeto de Deus. Se fundamental é o papel de Abraão no projeto de Deus, não menos fundamental é o das esposas.

Analisemos a missão de Sara. Dada como esposa a Abraão, Sara era estéril (cf. Gn 16). Seu filho nasce quando ela e Abraão já são idosos. As atitudes de Sara para com Agar, sua serva, são reprováveis. Deus recrimina seu comportamento. Agar será rejeitada sim, mas não abandonada. Será a mãe de Ismael, o patriarca dos ismaelitas, um povo numeroso e abençoado.

Deus, contudo, em seu projeto de salvação, conduz a trama histórica. Sara torna-se mãe de Isaac, que é considerado figura de Cristo (cf. Gn 18,10-16: 21,1-13).

Na galeria de mulheres do Antigo Testamento aparece ainda *Rebeca*.[5] Sua atitude será fundamental na bênção dada a Jacó, o originador das doze tribos do Povo de Deus.

É de se acentuar, nesta primeira parte do Livro do Gênesis, que o dom da vida pertence a Deus, o senhor do projeto salvífico. É por sua graça e poder que mulheres estéreis como Sara e Rebeca concebem filhos, cuja ação será vital no seu projeto de salvação. Mesmo do pecado e da opressão sabe Deus retirar a vida. Nada e ninguém deterão a vontade e determinação de salvação de Deus. É o que acontece nos

---

[5] *Rebeca* era filha de Batuel, irmã de Labão, mulher de Isaac. Também sobrinha de Sara, da qual teria herdado a beleza. Ela foi descoberta por Eliezer, servo de Abraão, que orou a Deus e pediu um sinal, no qual aparecesse uma donzela de grande formosura que daria de beber água a ele e aos seus camelos antes de beber ela própria (cf. Gn 24,43-46), coisa que não é normal no Oriente até os dias de hoje. O dote de Rebeca foi o de maior proporção e riqueza da época. Foram oferecidos dez camelos (cf. Gn 24,10) e vários utensílios de ouro. Após ter saciada sua sede e a de seus camelos, imediatamente Eliezer deu a Raquel um pingente e duas pulseiras de ouro (cf. Gn 24,47), e o resto do tesouro foi para seu pai, Batuel.

episódios de *Dina* (cf. Gn 34), vítima violentada, e de *Tamar*, viúva ardilosa e enganadora.[6]

O Êxodo e a formação de um povo "só para Deus"

A pergunta fundamental do Êxodo é: "Qual é o verdadeiro Deus?". A resposta que aí encontramos é a mesma que reaparece em toda a Bíblia, e principalmente na pregação, atividade e pessoa de Jesus. Por isso, o livro do Êxodo é de suma importância para entendermos o que significa Jesus como Filho de Deus e para sabermos o que é o Reino de Deus. Sem o Êxodo, a Bíblia perderia o seu ponto de partida, que nos leva a Jesus Cristo, a fim de construirmos com ele o Reino e sua justiça.[7]

Se Gênesis é o livro dos começos, Êxodo é o livro da redenção. A libertação do povo de Israel da terra do Egito é

---

[6] "*Tamar* é uma das cinco mulheres que aparecem na genealogia de Jesus. Ela ficara viúva de dois filhos de Judá (filho de Jacó e Lia), que não quis dar-lhe Sela, o mais novo (Gn 38,1-11; Mt 1,3). Judá, por sua vez, ficara viúvo. Resolveu, então, ir tosquiar o seu rebanho em Timna. Ao saber da viagem do sogro, Tamar decidiu agir à sua maneira dramática e desesperada. Se Judá não queria dar seu filho mais moço em casamento, ela faria o possível para propagar o nome da família a seu modo. Tirando as roupas de viúva, disfarçou-se colocando um véu, como se fosse uma prostituta, e sentou-se ao lado da estrada para Timna. Judá dormiu com ela e lhe deu seu anel de sinete e seu cordão, juntamente com seu cajado, como penhor de pagamento futuro. Cerca de três meses mais tarde, Judá soube que Tamar estava grávida, mas não tinha ideia de quem fosse o responsável. Furioso porque a nora havia se prostituído, ele ordenou que ela fosse apedrejada até a morte. Antes de a sentença ser executada, Tamar enviou-lhe, porém, uma mensagem chocante: "Concebi do homem a quem pertencem estes objetos. Reconhece de quem são este selo, este cordão e este cajado? (cf. Gn 38,25). O homem, que tão rapidamente julgara Tamar, sem se importar com o encontro secreto que teve com uma prostituta, foi pego de surpresa. Para seu crédito, contou a verdade, dizendo: "Mais justa é ela do que eu, porquanto não a dei a Sela, meu filho" (CONSANI, Mara Bueno. Tamar. In: *Mulheres da Bíblia*. Disponível em: <http://campenhe-mulheres.blogspot.com.br/search/label/Tamar>).

[7] *BÍBLIA PASTORAL*. Paulus, edição on-line: introdução ao Livro do Êxodo. *Deus liberta e forma seu povo*.

tipo de toda a redenção posterior. A escravidão do Egito foi muito dura para o Povo de Deus. Na Bíblia, o Egito passará a ser tipo do mundo e o Faraó, um tipo de Satanás. É significativa a presença de Moisés, o libertador.

O papel de Moisés[8]

Segundo o Livro do Êxodo, Moisés foi adotado pela filha do Faraó. Não foi identificado e educado na corte como príncipe do Egito. Aos quarenta anos, tomado por justa cólera, defendeu um judeu maltratado por um feitor egípcio. Foi obrigado a partir para o exílio, a fim de escapar da pena de morte. Fixou-se na região montanhosa de Madiã, situada a leste do golfo de Acaba. Quarenta anos depois, no monte Horebe, recebeu do Deus de Abraão a missão e a ordem de ser o *libertador de Israel*. Ele conduziu esse povo até o limiar de Canaã, a Terra Prometida a Abraão. No início da saída, encurralados pelo Faraó, que se arrependera de ter deixado partir os hebreus, ocorreu a divisão das águas do mar Vermelho. O povo, então, por

---

[8] Duas notas a Ex 2 são ilustrativas do papel de Moisés e, por isso, são transcritas: "Embora educado em meio à classe dominante, Moisés *sai e vê* a situação de seus irmãos. Esse *ver* o leva à solidariedade, ao gesto de defender um irmão. Imediatamente, a classe dominante se torna hostil, e Moisés tem de fugir. A solidariedade se manifesta novamente para com as filhas de Ragüel. Madiã, uma região de deserto, mais tarde vai se tornar o lugar da liberdade e da vida na intimidade com Deus, enquanto o fértil Egito já se tornou lugar de escravidão e morte. O povo começa a tomar consciência de que é escravo e exprime a sua insatisfação. Esse clamor já é o desejo de uma nova situação. Deus *vê* a condição do povo e *ouve* o seu desejo; *lembra-se* de sua própria aliança de vida e se solidariza com os oprimidos, levando em conta a situação deles. Deus sempre está presente e disponível, mas respeita a liberdade do homem e só age quando invocado. Note-se que essa invocação não precisa ser uma oração articulada; para invocar a Deus basta o simples desejo de liberdade e vida, que se manifesta como insatisfação dentro de uma situação de escravidão e morte" (*BÍBLIA PASTORAL*. Paulus, edição on-line: notas a Ex 2,11-22 e 23-25.

terra seca, conseguiu escapar dos egípcios, que, tentando fazer o mesmo que os hebreus, foram engolidos pelo mar e pereceram todos. No início da jornada, no monte Horebe, na península do Sinai, Moisés recebeu as *Tábuas dos Dez Mandamentos* do Deus de Abraão. Essas tábuas foram escritas na pedra, "pelo dedo de Deus", e guardadas na Arca. Posteriormente, o código das leis é ampliado para cerca de seiscentas leis, comumente chamadas de *Lei Mosaica*. Os hebreus, até hoje, as consideram como a *Lei de Deus* (em hebraico, a *Torá*), dada a Israel por intermédio de Moisés. Em seguida, o povo vagou pelo deserto por cerca de quarenta anos, até chegar a Canaã.

Moisés é um *tipo* de Cristo. A luta com o opressor culmina com a partida (em grego, *êxodo* ou *saída*) dos hebreus do Egito. São remidos pelo sangue do Cordeiro Pascal e pelo poder de Deus manifestado na travessia do mar Vermelho. A experiência da redenção, festejada mediante o cântico triunfal dos redimidos, é seguida pela prova que o povo teve de enfrentar no deserto. No monte Sinai, a nação redimida aceita a Lei. O não depender da graça conduz à infração da lei e à condenação.

Contudo, triunfa a graça de Deus ao ser dado ao povo o tabernáculo, o sacerdócio e os sacrifícios, mediante os quais o povo redimido podia adorar o Redentor e ter comunhão com ele.

Nesta epopeia sagrada a ação principal é de Deus, que agirá mediante Moisés, o seu servo. Não faltam, contudo, figuras de mulheres, que são fundamentais na realização do projeto de Deus. Entre elas encontramos a irmã de Moisés, Maria, uma líder nata no meio do povo. Ainda *Séfora*, a esposa e mãe dos filhos de Moisés, filha do sacerdote Jetro.

Mulheres no Livro de Josué

O Livro de Josué foi escrito, provavelmente, entre 1400 e 1370 a.C. Ele dá uma visão geral das campanhas militares para conquistar a área de terra que Deus havia prometido. Após a saída do Egito e os quarenta anos subsequentes de peregrinação no deserto, a nação recém-formada está agora pronta para entrar na Terra Prometida para conquistar seus habitantes e ocupar o território. A visão que temos aqui nos dá detalhes abreviados e seletivos de muitas batalhas e das condições nas quais a terra não apenas foi conquistada, mas também dividida em áreas tribais.

No Livro de Josué encontramos *Raabe*, uma prostituta. A Carta aos Hebreus fala assim em seu louvor: "Pela fé, Raabe, a meretriz não pereceu com os incrédulos, pois acolheu em paz os espiões" (Hb 11,31). Quando os dois enviados de Josué chegaram à Terra Prometida, ao invés de fazer o que o rei de Jericó ordenara, isto é, amaldiçoá-los, ela os esconde e diz que eles já haviam partido. Essa ação salva o Povo de Deus, permitindo que o seu projeto fosse adiante. Sua astúcia e sagacidade se tornam salvadoras. Raabe era uma prostituta. Ela não tinha a mesma educação nem o mesmo conhecimento de Deus que Sara e Joquebede. Sabemos que ela fez escolhas que agradaram a Deus e que teve o mesmo valor dessas outras duas mulheres de fé diante do Senhor. Suas escolhas foram certas porque ela já tinha ouvido falar no Deus de Israel que fazia milagres diante de todo o povo para favorecê-lo. Ela jamais poderia imaginar que, um dia, estaria frente a frente com dois israelitas que iriam precisar de sua ajuda. O Senhor, de antemão, preparava o coração dela. Ela, provavelmente, admirava o povo cujo Deus fazia tantas maravilhas. Por já amar tal povo, então, decidiu ajudar aqueles dois espiões israelitas, provando que tinha fé no Deus Todo-Poderoso que, com certeza, a livraria de uma morte certa. Apesar de ser prostituta, ela possuía qualidades que, hoje em dia, são difíceis de ser encontradas até mesmo entre mulheres de Deus.[9]

Há ainda a astuta figura de *Acsa* (cf. Js 15,13-19), filha de Calebe, um dos exploradores enviados a Jericó e homem fiel à Lei. Essa mulher, com sagacidade, exige fontes de água para seu povo. Eis um trecho de sua vida:

> Acsa, filha de Calebe, foi uma daquelas mulheres que experimentou o sofrimento de perto. Nasceu e cresceu no deserto, porquanto Israel caminhava do Egito até Canaã, a terra prometida. Era um tempo difícil, de lutas e provações, escassez, instabilidade, não tendo lugar certo para repousar ou morar. Aprendeu através das batalhas a ser uma mulher forte e valente. O exemplo de seu pai Calebe, como um homem fervoroso, lutador, trabalhador, conquistador e temente a Deus, foi de forte influência na formação de seu caráter ousado e destemido.[10]

O Livro dos Juízes

O Livro dos Juízes relata fatos situados entre 1200 e 1020 a.C., descrevendo a continuação da conquista da Terra e a vida das tribos até o início da monarquia. Juízes, de fato, mostra-nos uma entrada bastante mais dispersa das tribos em Canaã e dominando muito mais lentamente o conjunto do território. Por outro lado, descreve-nos as vicissitudes e a

---

[9] MENEZES SILVA, Valdenira Nunes de. Raabe, a mulher que escolheu ajudar... acreditar... confiar. In: *Mulheres da Bíblia*. Disponível em: <http://campenhe-mulheres.blogspot.com.br/search/label/Raabe>. Acesso em: 13 nov. 2014.

[10] NASCIMENTO, Francisco. As virtudes de Acsa. Disponível em: <http://pregacoesfn.wordpress.com/2009/05/22/as-virtudes-de-acsa/>. Acesso em: 13 nov. 2014.

insegurança da vida levada por essas tribos, numa época ainda distante do tempo da monarquia. Trata-se de um tempo de *democracia tribal* (cf. Jz 17,6; 21,25) e de muitas dificuldades. As tribos são governadas por chefes que têm cargo vitalício (*juízes menores*). Nos momentos de grande dificuldade surgem chefes carismáticos (*juízes maiores*), que unem e lideram as tribos na luta contra os inimigos. Importante neste livro é a chave de leitura da história, que vale não só para o livro, mas para toda a história de Israel. Essa chave é apresentada em Jz 2,6–3,6 e reaparece diversas vezes no texto. Segundo o autor, para levar adiante um projeto social, é preciso manter a *memória ativa* ou *consciência histórica*, adquirida através da resistência e da luta. A geração que luta mantém viva essa consciência. A nova geração, porém, quebra essa memória e ameaça fazer o projeto voltar atrás. O resultado é um conflito na história, entre a fidelidade a Javé e seu projeto e o culto aos ídolos, que corrompe a vida do povo.[11]

Uma galeria de mulheres aparece no Livro dos Juízes. A primeira delas é *Débora* (cf. Jz 4). É a única mulher das Escrituras que alcançou um cargo político pelo seu próprio povo. Sua origem parece ser simples, pois o texto bíblico diz que era esposa de Lapidot e que prestava atendimento como profetisa debaixo das palmeiras.

Neste livro épico aparecem figuras não exemplares de mulheres. Citamos *Dalila*, uma mulher tentadora insistente, importante na epopeia de Sansão (cf. Jz 16,4-30). Eis a sua história: Sansão havia combatido e derrotado os filisteus. Contudo, antes desses acontecimentos, ele já se havia envolvido

---

[11] RODRIGUES, Irmão Júlio César. Livros históricos da Bíblia. Disponível em: <http://www.paroquiasagradaface.org.br/web/index.php?option=com_content&view=article&id=417:os-livros-historicos-da-biblia-ir-julio-cesar-rodriguesmps&catid=82:escola-da-fe&Itemid=124>. Acesso em: 13 nov. 2014.

com filisteias e prostitutas. Após vinte anos *julgando Israel*, Sansão se afeiçoou a Dalila, uma prostituta. Os líderes dos *filisteus* foram até ela e ofereceram, cada um, mil e cem *siclos de prata* para que conseguisse descobrir o segredo de Sansão. Por três vezes Dalila perguntou-lhe pelo segredo, recebendo sempre uma resposta errada. Dalila o importunou todos os dias para que falasse a verdade sobre a fonte de sua força. Na quarta vez, Sansão disse que seu segredo residia nos cabelos. Os filisteus, então, os cortaram. Capturaram-no e lhe furaram os olhos, mantendo-o prisioneiro. Quando seus cabelos já tinham crescido, Sansão foi participar de uma celebração. Pediu para ficar encostado entre duas colunas. Apoiando-se em ambas, com toda a sua força, ele as empurrou. A casa onde todos estavam reunidos caiu, soterrando os chefes dos filisteus. O povo de Israel foi libertado.

O Livro de Rute

Este livro da Bíblia deriva seu nome de um dos seus personagens principais, Rute, a moabita, cujo nome significa *amizade*. A narrativa mostra como Rute se tornou uma ancestral de *Davi* por meio do casamento do cunhado com Booz, em favor de sua sogra, *Noemi*. O apreço, a lealdade e a confiança em *Javé*, que Booz, Noemi e Rute demonstram, permeiam o relato (Rt 1,8-9.16-17; 2,4.10-13;19-20; 3,9-13; 4,10).

Noemi era casada com Elimelec. Neste livro encontra-se a saga de Noemi, que ficara, após a morte de seu marido, com seus dois filhos, Maalon e Quelion, e suas servas, Rute e Orfa. Um dos filhos se casa com Rute e o outro, com Orfa. Com a morte de ambos, Rute e Orfa ficam viúvas. Noemi, então, resolve retornar a Belém, sua terra, e as jovens querem segui-la. Ela não quer aceitar, mas Rute lhe diz com ênfase: "Aonde quer que tu fores, irei eu; onde quer que tu pousares, ali pousarei eu; o teu povo será o meu povo e o teu Deus será o meu Deus" (Rt 1,16). Então Noemi, acompanhada de Rute, retorna a Belém, sua terra natal, indo respigar no campo de Booz. Lá se encontra com Booz, que vem a se casar com Rute. Geram um filho, Obed, que virá a ser o avô de Davi.

Os livros de Samuel

O conteúdo dos dois livros de Samuel pode ser dividido em três partes, tendo como base as pessoas que sucessivamente governaram Israel: o profeta Samuel e os reis Saul e Davi. Falam dos últimos anos da época dos juízes (cf. 1Sm 1–7), das origens da monarquia com Saul e sua rejeição (cf. 1Sm 8–15), da escolha de Davi para o trono (cf. 1Sm 16–2Sm 7) e da história da sucessão de Davi (cf. 2Sm 9–20). Podemos notar a influência deuteronomista em 1Sm 12,6-16, onde a garantia do êxito está na obediência a Deus e na observância de seus mandamentos.

Os dois livros de Samuel relatam acontecimentos que se situam entre 1040 e 971 a.C. Temos aí uma análise crítica do aparecimento da realeza em Israel, análise que pode ajudar a avaliar nossos sistemas e homens políticos, bem como qualquer outra autoridade.[12]

Várias são as mulheres que neles aparecem. Suas funções no projeto de Deus são de diferentes ordens. A mais significativa é *Ana*, mulher de fé que se casara com Elcana

---

[12] *BÍBLIA PASTORAL*. Paulus, edição on-line: introdução a primeiro e segundo Samuel.

(cf. 1Sm 1,1-28).[13] Ela não gerava filhos e era hostilizada por suas companheiras, entre as quais uma de nome Mical. Cheia de amargura ela reza com fé:

> Ó Senhor dos exércitos!, se deveras atentares para a aflição da tua serva, e de mim te lembrares, e da tua serva não te esqueceres, mas lhe deres um filho varão, ao Senhor o darei por todos os dias da sua vida, e pela sua cabeça não passará navalha (1Sm 1,11).

Samuel, o filho de Ana, foi servir a Deus no Templo, onde recebeu as visões e a missão do Senhor, cuja principal foi a de ungir Saul, o primeiro rei de Israel.

Tamar, filha do rei Davi, era muito formosa. Amnon, seu meio-irmão, desejou-a. Tamar não lhe correspondia. Um amigo de Amnon, Jonadab, homem astuto e malicioso, sugeriu a Amnon que se fingisse muito doente. Quando seu pai viesse para fazer-lhe uma visita, ele deveria pedir que o rei enviasse Tamar para preparar-lhe o alimento em seus aposentos. O rei Davi enviou Tamar aos aposentos de Amnon. Este estava deitado, fingindo-se muito mal. Ela preparou os bolos para ele e os levou. Ao acabar de comer, Amnon pediu que todos se retirassem do quarto. Então Amnon quis que Tamar se deitasse com ele. Ela se recusou com veemência. Sendo mais forte que Tamar, Amnon forçou-a a manter relações sexuais com ele. Após abusar da irmã, ele sentiu nojo dela, passando a odiá-la. Expulsou-a, então, de sua casa. Humilhada, Tamar disse ao irmão: "Não há razão para me despedires assim; maior seria este mal do que o outro que já me fizeste". Porém, Amnon não lhe quis dar ouvidos. Tamar engoliu o seu choro, sua

---

[13] Cf. MENEZES SILVA, Valdenira Nunes de. A vida de Ana. Seus sofrimentos e alegrias. In: *Mulheres da Bíblia*. Disponível em: <http://campenhe-mulheres.blogspot.com.br/search/label/ANA. Acesso em: 13 nov. 2014.

dor e ficou quieta. Numa festa de família, quando estavam reunidos os filhos de Davi, Amnon se embriagou e seu irmão mais velho o matou, vingando a honra da irmã.

Os livros dos Reis

Os livros dos Reis relatam acontecimentos que vão de 971 a 561 a.C., continuando a história da monarquia iniciada com Saul e Davi. Depois de Salomão, o império se divide (931 a.C.) em dois reinos: o reino de Israel, com sede em Samaria, que caiu em poder da Assíria em 722 a.C., e o reino de Judá, com sede em Jerusalém, que caiu em poder da Babilônia em 586 a.C. Mais do que uma relação pormenorizada de acontecimentos, estes livros fornecem uma *reflexão crítica* sobre a história do povo e dos reis que o governaram: *a fidelidade a Deus leva à bênção e à prosperidade*; a infidelidade leva à maldição, à ruína e ao exílio (cf. 2Rs 17,7-23).[14]

A teologia da função da realeza, o serviço do Templo e o profetismo são as bases da ação destes livros, máxime do primeiro.

Os livros dos Reis narram o ciclo dos primeiros reis de Israel. Encontramos algumas figuras de mulher importantes no desenvolvimento da história da salvação. Destacamos as mulheres que vão até o rei Salomão numa disputa por uma criança (cf. 1Rs 3,16-28). Num gesto de verdadeira sabedoria, Salomão devolve a criança à verdadeira mãe, que preferia que o filho vivesse com a outra a vê-lo cortado ao meio. O grande anseio do povo é ter uma autoridade realmente capaz de *discernir e realizar a justiça*. Para isso, a principal tarefa de uma autoridade consiste em *saber ouvir*. É requisito básico, não só para resolver

---

[14] *BÍBLIA PASTORAL*. Paulus, edição on-line: introdução a primeiro e segundo Reis.

as questões no tribunal, mas também para o exercício contínuo de um governo justo. Autoridade justa age sempre a partir de assessoramento que lhe permita ouvir as legítimas aspirações e reivindicações do povo. Em outras palavras, a verdadeira função da autoridade é servir o povo, que pertence a Deus.

Desse ciclo fazem parte os episódios da *viúva de Sarepta* (1Rs 17,8-24) e da *rainha de Sabá* (1Rs 10,1-10). Tamanha e tanta sabedoria não valeram a perseverança de Salomão no caminho do bem. Seu coração foi corrompido pelas mulheres que ele introduziu no palácio real (cf. 1Rs 11,1-13). O grande pecado de Salomão foi a idolatria provocada por suas mulheres. Isso não quer dizer que a mulher seja fonte de infidelidade a Deus. Devemos lembrar que os casamentos de reis, em geral com filhas de outros monarcas, implicava verdadeiras alianças econômicas, políticas, ideológicas e religiosas. Tais casamentos, portanto, significavam *desvio dos ideais de um povo*. Deixava-se de lado a ideologia igualitária da religião javista para seguir a ideologia da desigualdade sustentada pela religião de outras nações. Já se começa a perceber a decadência do grande império de Salomão.

No primeiro Livro dos Reis encontramos os milagres de Elias: multiplicando a farinha e o azeite em favor de uma pobre viúva (cf. 1Rs 17,7-17), bem como ressuscitando um jovem, filho único da viúva em cuja casa o profeta estava hospedado (1Rs 17,17-24).[15]

No segundo Livro dos Reis há duas figuras contrastantes de mulheres: a rainha *Atalia* (2Rs 11,1-20), que extermina a família real de Israel e a profetisa *Hulda* (2Rs 22,14). Ela foi profetisa no tempo do rei Josias. Era o tempo dos profetas Jeremias e Sofonias. O Senhor, contudo, escolheu uma mulher

---

[15] "O verdadeiro profeta não é portador da morte para o povo. O sinal de que o profeta anuncia a Palavra de Deus é o fato de ser portador da vida": nota a 1Rs 17,17-24.

para ser seu porta-voz. No Antigo Testamento só existem registros de duas profetisas: *Maria* e *Débora*. Hulda tinha uma autoridade tão grande no Senhor, que, por seu intermédio, Deus ressuscitou a vida espiritual de Israel. Hulda foi escolhida pelo Senhor naquele momento. Josias também ganha destaque, pois teve humildade para aceitar a Palavra de Deus através de Hulda – uma mulher.

O Livro de Ester[16]

O Livro de Ester é uma apaixonada descrição das experiências dramáticas por que passou a comunidade hebraica de Susa quando a cidade era capital do Império Persa. O texto sugere que tais acontecimentos afetaram a vida de todos os judeus residentes dentro das fronteiras daquele imenso império, que se estendia desde a Índia até a Etiópia. Quer dizer que os episódios narrados atingiam todos os judeus do mundo e as consequências diziam respeito à sua sobrevivência. As figuras centrais são um judeu de nome babilônico, *Mardoqueu*, e uma sua parente e protegida, chamada *Ester*, nome de ressonâncias simultaneamente babilônicas e persas. Mardoqueu surge como chefe da comunidade judaica. Ester é a personagem decisiva no desenrolar dos acontecimentos. O livro descreve uma ameaça de morte que se transformou numa afirmação de triunfo. Semelhante sucesso merece ser celebrado e recordado. O Livro de Ester, de fato, culmina numa festa anual, ainda hoje celebrada

---

[16] "Tobias, Judite e Ester são novelas ou romances. Não refletem acontecimentos históricos. Querem mostrar situações típicas dos judeus na Palestina (Judite) ou fora (Tobias e Ester). No entanto, por trás da ficção, apresentam profunda análise da situação histórica e das possibilidades que os judeus encontraram em determinado contexto. Embora não sejam história propriamente dita, servem de modelo para analisar em profundidade certas situações reais" (cf. *BÍBLIA PASTORAL*. Paulus, edição on-line: introdução a Outros Livros Históricos).

entre os judeus: a festa de *Purim*, ou das *sortes* lançadas e transformadas. O livro pode ser dividido em quatro partes:

I. Ester torna-se rainha:1–2,23;

II. Conspiração contra os judeus: 3,1-5.14;

III. Amã é condenado à morte: 6,1–7,10;

IV. Os hebreus vingam-se dos inimigos: 8,1 ao final.

A obra de Ester possui duas tradições: a hebraica e a grega. O texto grego enquadra toda a história no contexto de um sonho, que é contado no princípio e explicado no fim. Tudo o que aconteceria já tinha sido revelado a Mardoqueu por meio daquele sonho. Tudo estava previsto e cumpriu-se exatamente. Isto é a expressão de uma concepção de história conduzida providencialmente por Deus. Precisamente no final do capítulo 4. As orações de Mardoqueu e de Ester estão na base deste livro, constituindo sua razão de ser.

No Livro de Ester, encontram-se as figuras da rainha Vasti, que foi deposta, e a de Ester, mulher corajosa, conforme descrito antes. Ela enfrenta o rei e consegue um edito de salvação do seu povo, restabelecendo o culto verdadeiro do Senhor.

Na obra de Ester, ela recorre ao argumento supremo do oprimido: recorda ao próprio Deus que foi ele quem fez aliança com o povo, agora em situação difícil. Desse modo, a súplica torna-se uma espécie de xeque-mate: o destino do povo compromete a honra de Deus. Se o povo for arruinado, o próprio Deus fica desonrado.

> Meu Senhor, nosso Rei, tu és o Único! Protege-me, porque estou só e não tenho outro defensor além de ti, pois vou arriscar a minha vida. Desde a infância, aprendi com minha família que tu, Senhor, escolheste Israel entre todos os povos e nossos pais entre todos os seus antepassados, para ser tua herança perpétua. E cumpriste o que lhes havias prometido. Pecamos contra ti, e nos entregaste aos

nossos inimigos, porque adoramos os deuses deles. Tu és justo, Senhor! Eles, porém, não se contentaram com a amargura da nossa escravidão. Comprometeram-se com seus ídolos e juraram anular a palavra saída dos teus lábios e fazer desaparecer a tua herança e emudecer as bocas que te louvam, para aniquilar teu altar e a glória de tua casa. Juraram abrir os lábios dos pagãos para que louvem seus ídolos vazios e adorem eternamente um rei de carne. Senhor, não entregues teu cetro a deuses que não existem. Que não caçoem de nossa ruína. Volta seus planos contra eles próprios, e que sirva de exemplo o primeiro que nos atacou. Lembra-te, Senhor, manifesta-te a nós no dia da nossa tribulação. Quanto a mim, dá-me coragem, Rei dos deuses e Senhor dos poderosos. Coloca na minha boca palavras certas, quando eu estiver diante do leão. Volta o coração dele para odiar o nosso inimigo, para que este pereça junto com todos os seus cúmplices. Salva-nos com a tua mão e vem para me auxiliar, pois estou sozinha. E fora de ti, Senhor, eu não tenho nada. Tu conheces todas as coisas, sabes que odeio a glória dos ímpios, e que o leito dos incircuncisos e de qualquer estrangeiro me causa horror. Tu conheces a minha angústia e sabes que eu detesto o sinal da minha grandeza, que me cinge a fronte quando apareço em público. Eu o detesto como trapo imundo, e não o uso fora das solenidades. Tua serva não comeu à mesa de Amã, nem apreciou o banquete do rei, nem bebeu o vinho das libações. Tua serva não se alegrou desde o dia em que mudou de condição até hoje, a não ser em ti, Senhor, Deus de Abraão. Ó Deus, mais forte que todos os poderosos, ouve a voz dos desesperados, liberta-nos da mão dos malfeitores, e livra-me do medo! (Est 4,17l-17z)

O Livro de Jó

O Livro de Jó pode, em parte, ser do século V a.C. Com efeito, considerando que ele era conhecido pelo Eclesiástico (200 a.C.), deve ser datado depois de 250 a.C. A finalidade do autor tinha em vista um ensinamento, não de ordem histórica, mas *sapiencial* e *filosófico-religioso*, querendo debater uma questão de todos os tempos: *o enigma do sofrimento do justo*. Esse é um problema tanto do mundo religioso como extrarreligioso.

Israel acreditava que ao justo, em suas boas ações, cabe a bênção de Deus e a sua recompensa, mas ao ímpio, em suas más ações, cabe a maldição. Isso significava afirmar que as boas ações atraem o bem e as más ações provocam o mal. A justiça divina só operava de forma retributiva. Fez o bem, recebe o prêmio. Agiu mal, paga. Essa doutrina, que associava sofrimento ao pecado e prosperidade à prática das virtudes, faz parte do pensamento bíblico (cf. Dt 30,15-20; Sl 37). Ela é, também, o ponto de partida do Livro de Jó. Até que ponto essa doutrina é válida?

A pergunta do diabo, no Livro de Jó, é uma das mais importantes e intrigantes na Bíblia: os seres humanos seriam capazes de servir a Deus de modo desinteressado? É possível uma adoração livre? Que tipo de aliança pode existir entre Deus e a humanidade?

O autor apresenta como se manifestava a perplexidade em face da tese deuteronomista da retribuição, visto que Jó, sendo justo, encontra-se cheio de males. Na discussão do problema, os seus três amigos, Elifaz. Baldad e Sofar, aparecem como eloquentes defensores da visão tradicional da retribuição divina e incitam o infeliz Jó a confessar seus pecados. Para conferir um caráter internacional à tradição sapiencial, eles não são judeus, mas estrangeiros, como o próprio Jó. A finalidade do autor não é ridicularizar a doutrina internacional, mas mostrar a sua inadequação (cf. Jó 9,1-3), pois Jó sofre não por causa dos seus pecados, mas para que as obras de Deus nele possam se manifestar. Jó chega a desafiar seus amigos diretamente em Jó 13,7.

O autor apresenta suas considerações através de um diálogo real por meio de um homem, justo e ao mesmo tempo sofredor, e do mal que o afligia. Na obra, escrita em prosa (cf. Jó 1-2.42), muitos são os homens de Deus que estão presentes. Todos eles acentuam o monoteísmo de Deus celebrado numa comunhão de amor, apesar do sofrimento presente em Jó.

A literatura hebraica, diferente da grega, afirma que o sofrimento torna-se escola na vida da pessoa que sofre. Não é preciso ser religioso para afirmar tal coisa.

Mas a pergunta persiste: se Deus é sábio e justo, por que permite o sofrimento de uma pessoa como Jó? A resposta é clara: o ser humano sofre porque Deus permite tal coisa dentro de um projeto conhecido só por ele e que o ser humano não consegue abarcar. À pessoa humana compete confiar no misericordioso e sapiente desígnio de Deus. Ele não trata com desdém o sofrimento do justo. Mas como é maior e mais sábio, tem um plano providencial, ao qual a pessoa é chamada a entregar-se com confiança.

O próprio mistério de Deus é resposta para o sofrimento. A resposta encontra-se em Jesus Cristo. Deus assume o sofrimento da pessoa para transformá-lo em ocasião de vida, pois *só a partir da morte virá a verdadeira vida*.

Não é possível explicar o sofrimento caso por caso. Em Deus, contudo, é possível afirmar que, quanto mais alguém amadurece como pessoa, mais sofre pela compaixão, pois quem ama verdadeiramente sofre vendo o sofrimento de seus irmãos e irmãs.

O sofrimento é um mistério que só se torna inteligível no misterioso desígnio de Deus. Com efeito, Deus não poupou do sofrimento seu próprio Filho, entregando-o à ignominiosa morte de cruz (cf. o tema do Servo de Javé Sofredor em Is 53; Mc 8,31; Lc 22,15; 24,26; At 3,18; Hb 5,8).[17]

O livro é uma apologia do poder de Deus sobre os males que afligem o ser humano. Traz o episódio das *filhas de Jó* (cf. 42,10-17), que se chamavam Rola, Cássia e Azeviche. Elas nasceram quando Jó tinha mais de setenta anos e estava reconstruindo sua vida. É bom que se diga que a Bíblia não menciona o nome de nenhum filho de Jó. Só das filhas, às quais o pai distribuiu a herança que, normalmente, era devida a seus irmãos, por serem homens. Note-se que as mulheres não recebiam herança. Jó amava demais suas filhas e queria que continuassem com ele, mesmo depois de casadas. As meninas se casaram e Jó pôde conhecer seus tetranetos (quarta geração!). A história de Jó é marcada por muito sofrimento. Ele perdeu tudo, menos a esposa, que continuou a seu lado. Em um dos momentos de sofrimento, ela (cujo nome não é citado na Bíblia) ataca a fé do marido, dizendo que era melhor amaldiçoar Deus e morrer (cf. Jó 2,9). Ele, com toda a sua paciência, a repreende e continua íntegro ao Senhor (cf. Jó 2,10). O final do livro descreve que Deus deu tudo de novo a Jó, em dobro e muito mais (cf. Jó 42,10-15): filhos, bens, saúde, amigos. E sua esposa estava lá, vivendo todas essas bênçãos junto dele.

---

[17] É significativa a reflexão de Erhard S. Gerstenberger e Wolfgang Schrage em: Por que sofrer? O sofrimento na perspectiva bíblica. In: O sofrimento e o Servo Sofredor. Disponível em: <http://books.google.com.br/books?id=-cg99zn-q-wC&pg=PA212&lpg=PA2 12&dq=o+servo+sofredor+e+o+livro+de+J%C3%B3&source=bl&ots=LIJNpnRufE&si g=bPg2Az2dHDATwzX30Xlf5rhxeZo&hl=pt-BR&sa=X&ei=fiVVVKCzIIWmNpeGg- -AI&ved=0CCcQ6AEwAQ#v=onepage&q=o%20servo%20sofredor%20e%20o%20 livro%20de%20J%C3%B3&f=false> (com bastante bibliografia). Ainda: Jesus- -servo de Deus na teologia bíblica. Disponível em: <http://www.maxwell.vrac.puc-rio. br/16704/16704_3.PDF>. Também: <http://www.estudosbiblicos.teo.br/wp-content/ uploads/2011/01/20-O-Livro-de-Jo.pdf>.

Cântico dos Cânticos[18]

A pessoa que sabe acolher o dom da liberdade para amar descobre que a vida tem um sentido muito bonito. Vê que Deus está sempre vindo ao seu encontro, em cada objeto, em cada planta, em cada animal, em todos os acontecimentos, mas, principalmente, em cada uma das pessoas que vai entrando em sua vida. Tudo canta o Deus que nos ama. A Bíblia encontrou esse símbolo do amor entre o homem e a mulher como a melhor maneira de falar do amor entre Deus e o seu Povo, entre Deus e cada um de nós. Por mais pálido e insuficiente que seja, é um símbolo válido de toda a intimidade que Deus quer ter conosco.

Por isso, quem o descobriu vive cantando. E, segundo o Livro do Apocalipse, vai continuar seguindo o Cordeiro, Jesus Cristo, onde quer que ele vá por toda a eternidade, cantando a alegria sem fim. Esses são os que souberam deixar todo o espaço para Deus que vem ao seu encontro.

Cântico dos Cânticos quer dizer o cântico por excelência. No século I d.C., quando os judeus discutiam se esse livro devia mesmo constar da Bíblia, pois havia quem o lesse como obsceno e indecoroso, um rabino chamado Akiba disse que "o dia em que foi composto o Cântico dos Cânticos valia mais do que qualquer coisa deste mundo". De fato, esse Cântico teve a preferência dos grandes místicos, como São Bernardo e São João da Cruz, e, na Antiguidade, de Orígenes e Ambrósio.

---

[18] "A melhor tradução para o título seria 'o cântico por excelência' ou 'o mais belo cântico'. Na verdade, o livro é uma coleção de cantos populares de amor, usados talvez em festas de casamento, em que noivo e noiva eram chamados de rei e rainha. Um redator reuniu esses cantos, formando uma espécie de drama poético, e o atribuiu ao rei Salomão, reconhecido em Israel como patrono da literatura sapiencial. A forma final do livro, de altíssimo valor poético, remonta ao século V ou IV a.C." (*BÍBLIA PASTORAL*. Paulus, edição on-line: introdução a Cântico dos Cânticos).

Esta obra expressou de uma maneira muito bonita uma das ideias centrais da Bíblia, no Antigo e no Novo Testamento: *a de que Deus nos ama como um esposo.*

Ele deve ter sido composto pela reunião de trechos de diversos cânticos de casamento, tanto da Palestina como da Babilônia e do Egito. É uma espécie de diálogo entre um noivo e uma noiva, intercalado às vezes por comentários de grupos de amigos do esposo ou companheiras da esposa. Os dois exaltam o amor, ou, mais do que tudo, os dotes físicos um do outro.

Numa leitura espiritual, o livro fala de Deus, estando repleto de símbolos. É preciso, contudo, alertar que, mais do que uma alegoria (em que, pedacinho por pedacinho, pode querer estar dizendo alguma coisa simbólica), o Cântico é uma parábola (em que o importante é o sentido geral). Nesse sentido parabólico, o Cântico foi escrito para falar do amor que Deus-Esposo tem por Israel, o povo que ele assumiu como esposa. Só que o sentido mais pleno seria entendido apenas depois do Novo Testamento. *É o amor de Jesus Cristo pela Igreja.* É o amor entre Deus e cada um de nós. O Cântico é o cerne da Bíblia, pois ela é a comunicação do amor de Deus. Nós ouvimos, de fato, falar dessa forma através de Jesus Cristo e do Novo Testamento. Mas essa forma de se expressar já existia na Bíblia, pelo menos uns quinhentos anos antes de Cristo.

O mesmo Deus que é o autor da Bíblia foi antes o autor do mundo. Sua revelação entregue ao povo constitui uma chave de leitura do seu amor total. Podemos ler tudo com *olhos do espírito* e não com os *olhos da carne*, que leva a ver tudo de modo negativo. Foi Deus quem criou o homem e a mulher e inventou o amor entre eles. É assim que podemos entender o seu Amor pelo gênero humano. Destarte, temos condição de entender que Deus nos ama como uma esposa. As pessoas que Deus põe em nossa vida com um amor especial são a melhor experiência que temos dele. Seja pai, seja mãe, namorado ou namorada, amigo ou amiga.

Toda pessoa pode ter uma experiência de Deus como mulher, assim como toda mulher pode ter uma experiência de Deus como homem. Contudo, o amor entre o homem e a mulher nunca chega a saciar, porque é apenas uma iniciação a um amor que tem de ser muito maior, pois foi feito para ser infinito. Quando a mulher arranca o homem de dentro dele mesmo, prova-lhe que ele nasceu para o Infinito. Quando o homem arranca a mulher de dentro dela mesma, prova-lhe que também ela nasceu para o infinito. Contudo, há um ponto no qual podemos alcançar a saciedade: o *encontro corporal.* Mas há mil outros pontos que clamam que nós somos e temos de ser insaciáveis.

Mesmo que um homem encontre em uma mulher a sua companheira ideal, para todos os dias de sua vida, jamais consegue fechar-se ao encanto de todas as outras mulheres, porque todas elas são aspectos variados do Infinito que o atrai. Mesmo que uma mulher encontre em um homem o companheiro ideal para toda a sua vida, jamais conseguirá esquivar-se à atração de todos os homens, porque eles também são aspectos do Infinito. O homem e a mulher enamoram-se porque encontram um no outro partes consideráveis de Infinito. E ficam com uma sede cada vez maior do sem-fim.

Há no Cântico dos Cânticos uma frase curta e repetida várias vezes: *O meu Amado é meu e eu sou dele.* Eis um trecho significativo e muito lindo, entre tantos outros, deste livro:

A voz do meu amado! Vejam: vem correndo pelos montes, saltitando pelas colinas! Meu amado é como um gamo, um filhote de gazela. Ei-lo postando-se atrás da nossa parede, espiando pelas grades, espreitando pela janela. O meu amado fala, e me diz: "Levante-se, minha amada, formosa minha, venha a mim! Veja: o inverno já passou! Olhe: a chuva já se foi! As flores florescem na terra, o tempo da poda vem vindo, e o canto da rola já se ouve em nosso campo. Despontam figos na figueira e a vinha florida exala perfume. Levante-se, minha amada, formosa minha, venha a mim! (Ct 2,8-13).

Quando a maioria das pessoas tenta convencer que as pessoas devem ser avaliadas pelo dinheiro, pelo sucesso, ou, então, execradas por suas *culpas*, se a pessoa souber deixar tudo para construir um mundo melhor, nem que seja dando apenas alguns minutos de sua inteira e amorosa atenção a quem precisa, estará podendo repetir com muita propriedade: *O meu Amado é meu e eu sou dele!*[19]

Neste livro – e se quisesse falar das suas descrições do amor teria de descrevê-lo todo – há muitas passagens de inigualável valor, como esta logo do primeiro capítulo: "Se não o sabes, ó tu, a mais formosa entre as mulheres, vai seguindo as pisadas das ovelhas, e apascenta os teus cabritos junto às tendas dos pastores".

Há ainda a exaltação que o esposo faz de sua esposa: "Como és formosa, amada minha, eis que és formosa! Os teus olhos são como pombas por detrás do teu véu; o teu cabelo é como o rebanho de cabras que descem pelas colinas de Gileade". A mulher amada é exaltada como a

---

[19] "Após uma ausência sentida como inverno, o amado procura a amada, despertando, como a primavera, toda a vida e beleza do amor" (*BÍBLIA PASTORAL*. Paulus, edição on-line: nota a Ct 2,8-17).

sulamita[20] e as *filhas de Jerusalém*. Segundo estudiosos, esse era o nome dado às amigas da noiva, ou às mulheres da corte de Israel. Esse foi o nome utilizado pela sulamita (cf. Ct 3,10-11). Era ainda a forma para demonstrar fidelidade das mulheres ao rei.

O Livro dos Salmos

O Livro dos Salmos é o livro de oração do Povo de Deus de todos os tempos.[21] Os salmos constituem uma das formas mais altas de oração que a humanidade produziu. Milhões e milhões de pessoas, judeus, cristãos e religiosos de todas as tradições, dia a dia, recitam e cantam os salmos.

Levando-se em conta a comparação com a literatura poética do Egito, da Assíria e da Babilônia, pode-se afirmar que esses poemas de Israel são um dos expoentes da poesia universal.

O livro dos Salmos, com cento e cinquenta orações, é o coração do Antigo Testamento. É a grande síntese que reúne todos os temas e estilos dessa parte da Bíblia. A palavra salmo quer dizer oração cantada e acompanhada com instrumentos musicais. Assim, na oração e no canto de Israel, podemos ver como a história, a profecia, a sabedoria e a lei penetraram a vida do povo e a transformaram em oração viva, marcada por todo tipo de situações pessoais e coletivas. Temos nos salmos um modelo

---

[20] A sulamita dos Cânticos é a personagem principal deste livro. A referência à sua origem aparece em Ct 7,1. Segundo alguns estudiosos, sua referência em Cânticos pode ser uma alusão à jovem sulamita escolhida para aquecer o rei Davi em sua velhice (cf. 1Rs 1,2-4), descrita como mulher jovem e formosa. A sulamita dos Cânticos é chamada de amada e descrita como a mais formosa ou a mais bela entre todas as mulheres (cf. Ct 1,8; 4,1.7; 6,4).

[21] *BÍBLIA PASTORAL.* Paulus, edição on-line: introdução aos salmos – a oração do Povo de Deus.

de como a fé penetra a vida e um exemplo de como todas as situações podem tornar-se oração.[22]

Os salmos, em termos de conteúdo, possuem estrutura coerente, o que também pode ser observado em passagens do Antigo Testamento e em obras literárias do Oriente Médio da Antiguidade.

Tal como em outras tradições culturais, também a poesia hebraica andava estreitamente associada à música. Todavia, embora não seja de se excluir para os salmos uma possível recitação em forma de leitura, dado o seu gênero literário, com razão são designados em hebraico pelo termo *Tehillim*, isto é, *cânticos de louvor*, e, em grego *psalmói*, ou seja, cânticos acompanhados ao som do saltério, ou, ainda: *oração cantada e acompanhada de instrumentos musicais.*

Não sabemos exatamente quem foram seus autores. Com efeito, os salmos recolhem as orações que circulavam no meio do povo. Seguramente, muitos são de Davi (século X a.C.). Esse rei é considerado o protótipo do salmista por excelência. Davi foi pastor, guerreiro, profeta, poeta, músico, rei, e profundamente religioso. Conquistou o monte Sião dentro de Jerusalém e lá, ao redor da Arca da Aliança, organizou o culto e introduziu os salmos.

Quando se diz *salmo de Davi*, na maioria das vezes quer-se dizer *salmo feito no estilo de Davi*. Os salmos surgiram no arco de quase mil anos, nos lugares de culto e recitados pelo povo até serem recopilados na época dos Macabeus, no século II a.C. O saltério é um microcosmo histórico, semelhante a uma catedral da Idade Média, construída durante séculos por gerações e gerações, por milhares de mãos e incorporando as

---

[22] Ibid.

mudanças de estilo arquitetônico das várias épocas. Assim, há salmos que revelam diferentes concepções de Deus, próprias de certa época, como aqueles, estranhos para nós, que expressam o desejo de vingança e o juízo implacável de Deus. Os salmos testemunham a profunda convicção de que Deus, não obstante habitar numa luz inacessível, está em nosso meio, morando como que numa tenda (*shekinah*). Podemos chegar a ele em súplicas, lamentações, louvores e ações de graças. Ele está sempre pronto para escutar as súplicas dos seus fiéis.

Na Igreja Católica, os cento e cinquenta salmos formam o núcleo da oração cotidiana: a chamada *Liturgia das Horas*, também conhecida por *Ofício Divino* e cuja organização remonta a São Bento de Núrsia.[23] A oração conhecida por *rosário*, com as suas cento e cinquenta *Ave-Marias*, formou-se por analogia com os cento e cinquenta salmos do *Ofício*. Outra forma muito popular é organizar listas de salmos por finalidade, isto é, salmos para serem rezados em determinadas ocasiões, como festas, doenças, colheitas ou funerais. Historicamente, a primeira dessas listas foi organizada a partir da prática de Santo Arsênio da Capadócia, que rezava um salmo como uma oração com certas finalidades. Os salmos acabaram por constituir um hinário litúrgico para uso no Templo de Jerusalém. Dali transitaram quer para a sinagoga judaica, quer para as liturgias cristãs.

> Os salmos supõem o contexto maior de uma fé que nasce da história e constrói história. Seu ponto de partida é o Deus libertador que ouve o clamor do povo e se torna presente, dando eficácia à sua luta pela liberdade e vida (Ex 3,7-8). Por isso, os salmos são as orações que manifestam a fé que

---

[23] *OFÍCIO DIVINO*. Disponível em: <http://www.mosteirodosalvador.org.br/index.php/oficio-divino>.

os pobres e oprimidos têm no Deus aliado. Como esse Deus não aprova a situação dos desfavorecidos, o povo tem a ousadia de reivindicar seus direitos, denunciar a injustiça, resistir aos poderosos e até mesmo questionar o próprio Deus. São orações que nos conscientizam e engajam na luta dentro dos conflitos, sem dar espaço para o pieguismo, o individualismo ou a alienação.[24]

O Livro dos Salmos chegou até nós em sua versão grega (*Septuaginta*) e hebraica. A versão grega deste livro, como de toda a Bíblia, foi utilizada pelos cristãos convertidos e por São Jerônimo na confecção de sua edição, a *Vulgata*, a tradução latina dos livros inspirados. Durante a Reforma Protestante é que se buscaram os manuscritos originais hebraicos para fazer novas traduções, e foi, então, constatada a diferença que havia entre as duas traduções: as versões, apesar de terem o texto completo, diferem na numeração de capítulos e versículos.

Lendo um a um os salmos, é possível perceber o que dizem sobre a proteção das pessoas pobres.

Sl 8
Celebra a grandeza da criatura humana. A pergunta que se pode fazer é: "Quem é o ser humano diante de Deus Todo-Poderoso? Esta criatura é chamada a ser imagem e semelhança do Criador (cf. Gn 1,26-27), rei e rainha da criação, espelhando a sua presença e ação".

Sl 22[21],10-11
Para falar da extrema proteção de Deus, o salmista reza: "És tu quem me tirou do ventre e me confiou aos peitos de

---

[24] *BÍBLIA PASTORAL*. Paulus, edição on-line: introdução aos salmos – a oração do Povo de Deus.

minha mãe. Fui entregue a ti desde o nascimento, desde o ventre materno tu és o meu Deus".

No auge do desespero e do abandono de todos, o justo reza: "Meu pai e minha mãe me abandonaram. Javé, porém, me acolhe!" (Sl 27[26],10). A sorte da pessoa justa depende unicamente de Deus. Apesar de tudo, esta pessoa pode manter firme sua esperança.

Sl 32[31],1-2

Um salmo profundamente humano que pode ser aplicado ao ser humano total. Dizem os seus primeiros versículos: "Feliz aquele cuja ofensa é absolvida, cujo pecado é coberto. Feliz o homem a quem Javé não aponta nenhum delito". Quando Deus cobre o pecado com o perdão, o ser humano se sente liberto.

Sl 34[33],6-7

Ao ler e ao ver, nos dias de hoje, a resistência das pessoas pobres, máxime a coragem da mulher pobre, as exortações e súplicas do Sl 34[33],6-7 são feitas para elas: "Olhem para ele e ficarão felizes, o rosto de vocês não ficará envergonhado. Este pobre gritou, Javé ouviu, e o salvou de todos os apertos". "Javé resgata a vida de seus servos, e os que nele se abrigam não serão condenados" (v. 23).

Essa é uma grande catequese, centrada no temor de Deus. Mas é preciso empenhar a própria vida na luta pela verdade e justiça, para que todas as pessoas possam viver dignamente. Essa é a luta que constrói a paz. Nessa luta Javé toma o partido das pessoas justas, ouvindo o seu clamor, libertando-as e protegendo-as. Por outro lado, Javé se posiciona contra as pessoas injustas, que são destruídas pelo próprio mal que produzem.

Sl 35[34]-36[35]

Tratam da proteção da pessoa justa, iniquamente ameaçada pelo injusto. A pessoa justa abriga-se sob o amparo de Deus, que a socorre e salva. A pessoa injusta é como erva. Seca depressa e dela o Senhor se ri. Enquanto a pessoa justa reza: "Javé, não me abandones! Meu Deus, não fiques longe de mim! Vem socorrer-me depressa, meu Senhor, minha salvação!" (Sl 38[37],22-23).

Sl 39[38],12-13

Deus espera a humildade e a contrição da pessoa humana. Com efeito, "castigando o erro", Deus educa o homem. "Os homens todos são apenas um sopro!" Então o homem suplica: "Javé, ouve a minha prece! Dá ouvido aos meus gritos! Não fiques surdo ao meu pranto". Javé é a rocha sobre a qual a pessoa caminha. Embora pobre e indigente, ela sabe que o Senhor cuida dela, pois é seu auxílio e salvação. Por isso ela pede: "Meu Deus, não demores!" (Sl 40[39],18). Todo o Sl 41[40] trata da proteção de Javé para a pessoa pobre e indigente, proteção que é realizada com ternura: "Javé o sustenta no leito de dor, afofa a cama em que ele definha" (Sl 41[40],4).

Sl 45[44]

Celebra o casamento do rei. Descreve a sua função de defensor da justiça. Na cerimônia há a descrição poética e majestosa do séquito da rainha, a qual se encontra em pé, à direita do rei, ornada com ouro de Ofir; "em lugar dos seus pais, virão seus filhos, e você os nomeará príncipes sobre toda a terra" (Sl 45[44],17).

Sl 49[48]

Celebra a situação de glória da pessoa pobre e indigente junto de Deus em detrimento da terrível situação da pessoa que nesta terra viveu no fausto e opulência. Diz o salmo: "[...] os sábios morrem, perecem junto com o imbecil e o insensato, deixando sua fortuna para outros. O túmulo é sua morada perpétua e sua casa, de geração em geração, embora tenham dado o seu nome às terras! O homem não permanece com o seu esplendor, é como animal que perece!" (v. 11-13).

Sl 58[57],2-5
A pessoa que se sente poderosa planeja a injustiça no coração e na terra inclina a balança em favor da pessoa violenta. Desde o seio materno tais pessoas se extraviam; desde o ventre materno já falam mentiras. Têm veneno como veneno de serpente, são como víboras surdas, que tapam os ouvidos para não ouvir a voz dos encantadores, do mais hábil em praticar encantamentos. As pessoas injustas formam uma classe organizada e especialíssima na fraude. São piores que serpentes, porque estas podem ser controladas, enquanto tais pessoas são indomáveis, tapam os ouvidos, fechando-se completamente a qualquer possibilidade de mudança. Com estas pessoas, nem mesmo Deus pode fazer nada. A pessoa justa, contudo, sabe que estas pessoas serão carregadas pelo furacão. Sabe que ela pode comentar: "Sim! Existe um fruto para o justo, porque existe um Deus que faz justiça sobre a terra" (v. 12).

Sl 64[63]
É a súplica de uma pessoa que tem consciência de viver numa sociedade totalmente corrompida pelos interesses ambiciosos de um grupo injusto que a domina. Esse grupo vive em conspirações e conchavos para aplicar um projeto injusto, através de palavras enganadoras e ações que exploram e oprimem o povo inocente. Contudo, "o justo se alegra com Javé e nele se abriga. E os retos de coração se felicitam" (v. 11).

Sl 68[67],6-7

O Deus de Israel é "Pai dos órfãos, protetor das viúvas, [...] dá aos marginalizados uma casa, liberta os cativos e os enriquece. Somente os rebeldes permanecem na terra seca". Deus caminha à frente do seu povo, formado pelos marginalizados da sociedade e da história: órfãos, viúvas, marginalizados e cativos.

Eis, neste salmo, o grito de uma pessoa destruída, que só tem a Deus do seu lado:

> Salva-me, ó Deus, pois a água está chegando ao meu pescoço. Estou afundando no lodo profundo, sem nada que me segure. Vou afundando no mais fundo das águas, e a correnteza me arrastando... Esgotei-me de tanto gritar, minha garganta queima e meus olhos se consomem, esperando por meu Deus. Mais que os cabelos da minha cabeça, são os que me odeiam sem motivo. Mais duros que meus ossos, são os que injustamente me atacam; deveria eu devolver aquilo que não roubei? (Sl 69[68],2-5).

Quem não sente aqui a súplica silenciosa, ou explícita, dos milhões, ou bilhões, de homens e mulheres explorados pelos ricos e gananciosos?

Sl 70[69]

Celebra o Deus defensor da pessoa pobre e indigente. O salmo começa e termina com uma súplica: "Ó Deus, por favor, liberta-me! Javé, vem depressa me socorrer". Idêntica invocação foi feita no Sl 48[47].

Sl 71[70]

Desde o ventre materno até a velhice Deus é a força da pessoa pobre e indigente, pois ninguém é como ele. Este salmo é a súplica de uma pessoa idosa que dedicou toda a vida a Deus. Sente-se atacada pelas pessoas que desejam vê-la cair... Com efeito, a pessoa anciã justa é uma testemunha da ação de Deus na história. Através dela se perpetua a memória do projeto de Deus dentro da consciência do povo.

Sl 73[72]

Vai tratar da prosperidade da pessoa injusta, motivo de inveja para quem é justo. A pessoa injusta usa a soberba como colar. Tais pessoas não são atingidas pela fadiga. Brota nelas a violência como uma veste. Então a pessoa que é justa penetra nos mistérios de Deus e diz: "Minha carne e meu coração podem se consumir; minha rocha e minha porção é Deus para sempre!" (v. 26). Estamos diante de um retrato sapiencial da pessoa injusta, vista por uma pessoa justa. A injusta goza de boa saúde, não sofre. É uma privilegiada... Trata as demais pessoas com soberba e arrogância. A sua ambição não tem limites. Suga a vida e a liberdade de todo mundo, acumulando bens, poder e riquezas... Tudo impunemente, como quem diz: *Deus não vê nada!*

Sl 74[73]

Interroga até quando a pessoa opressora, blasfema, destruidora vai triunfar (cf. v. 5-10). Será que a pessoa inimiga vai desprezar o *nome* de Deus até o fim? (v. 10-11). Então a pessoa cheia de confiança pode suplicar: "Não esqueças até o fim a vida dos teus pobres. Olha para a tua aliança, pois os recantos da terra estão cheios de violência. Que o oprimido não volte coberto de confusão, e o pobre e o indigente louvem o teu nome" (v. 19-21). E com plena fé ela grita: "Levanta-te, ó Deus! Defende a tua causa!" (v. 22).

Neste ponto convém uma acentuação:

Sendo Deus o aliado do povo [pobre], a derrota deste é também derrota de Deus. Por isso a súplica se dirige ao Nome, com o qual Deus se revelou no momento da libertação (cf. Ex 3,14). A seguir, recorda-se a passagem do mar Vermelho (da escravidão para a liberdade) e a passagem do rio Jordão (da liberdade para a herança da terra). Os vv. 16-17 recordam que Deus é o Criador e mantenedor do universo. É a este Senhor da história e do universo que o povo suplica, pedindo que ele o liberte e de novo o leve à terra [prometida]. A libertação, porém, é obra da justiça: *não é possível libertar os exilados* [as pessoas oprimidas] *sem julgar os opressores*. Estes, reduzindo o povo à pobreza e escravidão, ultrajaram o Nome do próprio Deus.[25]

Sl 82[81],1-3

Fala da função da autoridade: proteger a pessoa fraca e a órfã, fazer justiça à pessoa pobre e necessitada, libertar a fraca e a indigente, e livrá-las da mão dos injustos. Aqui neste salmo as autoridades são chamadas de *deuses*, por exercer uma função que, por natureza, pertence unicamente a Deus: *realizar a justiça*. E justiça consiste em proteger e defender as pessoas indefesas, libertando as pessoas pobres e fracas, que são a maioria do povo, aquelas que as pessoas poderosas exploram e oprimem. Porém, quando as autoridades pervertem a sua função, usando do poder para legitimar e promover a injustiça, então a sociedade se transforma em caos, falsamente apresentado como ordem.

---

[25] *BÍBLIA PASTORAL*. Paulus, edição on-line: nota referente ao Sl 74,10-23.

Sl 94[93]

É uma oração de súplica coletiva que denuncia a injustiça institucionalizada como ordem. Impunemente as pessoas opressoras desafiam Javé, que deve vir para dar o merecido às pessoas soberbas. Até quando elas irão triunfar? "Eles transbordam em palavras insolentes [...] se gabam [de suas proezas]. Eles massacram o teu povo, Javé, eles humilham tua herança; matam a viúva e o estrangeiro e assassinam os órfãos" (v. 4-6).

Sl 102[101]

É a prece individual de uma pessoa gravemente doente, agravada pela solidão. Essa situação é ampliada pela maldade das pessoas inimigas. Mesmo nessa situação a pessoa justa sabe confiar, dizendo: "Os filhos de teus servos viverão seguros, e a descendência deles se manterá na tua presença!" (v. 29).

Sl 103[102]

É um hino ao amor de Deus. A experiência fundamental deste amor é a do perdão que refaz a vida da pessoa pobre e indigente: "Ele perdoa suas culpas todas, e cura todos os seus males. [...] Javé faz justiça [à pessoa pobre] e defende todos os oprimidos. [...] Porque ele conhece a nossa estrutura ele se lembra do pó que somos nós. [...] Mas o amor de Javé existe desde sempre, e para sempre existirá para aqueles que o temem. Sua justiça é para os filhos dos filhos" (v. 3-17).

Sl 128[127],1-4

Proclama feliz a pessoa que teme o Senhor e anda em seu caminhos. Tal felicidade se estende sobre sua família. Essa pessoa comerá do trabalho das próprias mãos, tranquila e feliz. "Sua esposa será como vinha fecunda, na intimidade do seu lar. Seus filhos, rebentos de oliveira, ao redor de sua mesa. Essa é a bênção para o homem que teme a Javé" (v. 3-4).

Sl 129[128],1-4

Quando o povo foi oprimido, desde cedo, os opressores não puderam com ele. Os lavradores lavraram suas costas e alongaram seus sulcos. "Mas Javé é justo: ele cortou os chicotes dos injustos."

A história do povo de Israel foi sempre difícil: uma luta permanente contra inimigos que o queria explorar e oprimir. O senso de liberdade que Deus lhe deu, contudo, impediu o povo de se dobrar, valendo-lhe a vitória. Nessa súplica Israel expressa o desejo de que as pessoas injustas não criem raízes nem prosperem na história.

Sl 130[129]

A pessoa justa sabe que pode sempre confiar no Senhor e por isso ela reza: "Das profundezas eu clamo para ti, Javé: Senhor, ouve o meu grito! Que os teus ouvidos estejam atentos ao clamor da minha súplica. Javé, se levas em conta as culpas, quem poderá resistir? Mas de ti vem o perdão, e assim infundes respeito. Minha alma espera em Javé, espera em sua palavra" (v. 1-5). O interessante deste salmo é que da condição de uma pessoa passa-se à condição de todo o povo. É Deus que vai remir este povo de todas as suas angústias.

Sl 139[138],19-22

O salmista vê como é difícil cumprir todos os projetos de Deus. Ademais, ele encontra o empecilho das pessoas más e injustas. Daí a sua ira: "Ah! Meu Deus, se matasses o injusto! Se os assassinos se apartassem de mim! Eles falam de ti com ironia, e em vão se rebelam contra ti! Não odiaria eu aqueles que te odeiam? Não detestaria eu aqueles que se rebelam contra ti? Eu os odeio com ódio implacável! Eu os tenho por meus inimigos!". Este salmo termina com um pedido – um pedido de justiça: que os acusadores sofram a sentença que desejavam contra a pessoa inocente; e uma pergunta: Por que Deus não extermina logo as pessoas injustas?

Sl 140[139],2-6

Este salmo foi composto por um inocente injustamente perseguido. Ele reza: "Javé, salva-me do homem perverso, defende-me do homem violento. Eles planejam o mal em seu coração e a cada dia provocam brigas. Afiam a língua como serpentes, e sob seus lábios existe veneno de víbora. [...] Eles planejam tropeços para os meus passos. Os soberbos me preparam armadilhas, os perversos me estendem uma rede e me colocam ciladas no caminho". No final de sua súplica, o salmista confessa: "Eu sei que Javé faz justiça ao pobre e defende o direito dos indigentes" (v. 14). Este salmo mostra que a finalidade da justiça é libertar quem é pobre e defender o direito da pessoa que nada tem. Em síntese: esta é a grande mensagem do Povo de Deus!

Sl 142[141],2-6

Este salmo tem o tom da viúva insistente do Evangelho. O maior problema para a pessoa justa é que o seu comportamento atrapalha o funcionamento de uma sociedade injusta. Por tal razão tentam a todo custo demovê-la da retidão.

Gritando para Javé, eu imploro! Gritando para Javé, eu suplico! Derramo à frente dele o meu lamento, diante dele exponho a minha angústia, enquanto o meu alento desfalece. Tu, porém, conheces o meu caminho, e foi no caminho por onde eu ando que eles me prepararam uma armadilha. Olha para a direita e vê: ninguém mais me reconhece, nenhum lugar de refúgio, ninguém que olhe por mim! Eu grito para ti, Javé, e digo: "Tu és o meu refúgio, a minha parte na terra da vida".

Sl 143[142],1-4
Este salmo está na mesma linha do anterior. A pessoa justa suplica a Deus, pois sabe que ele é o defensor de quem é oprimido. O apelo é sempre por misericórdia, pois diante de Deus nenhuma pessoa é inteiramente justa. "Javé, ouve a minha prece! [...] Não entres em julgamento contra o teu servo, pois, diante de ti, nenhum vivente é justo! O inimigo me persegue, esmaga por terra a minha vida, e me faz habitar nas trevas, como aqueles que estão mortos para sempre. Meu alento já vai desfalecendo, e dentro de mim meu coração se assusta."

Sl 146[145],6-9
Mais um salmo que proclama a fidelidade de Deus e fundamenta a confiança do povo. "[Javé] mantém sua fidelidade para sempre, fazendo justiça aos oprimidos, e dando pão aos famintos. Javé liberta os prisioneiros. Javé abre os olhos dos cegos. Javé endireita os encurvados. Javé ama os justos. Javé protege os estrangeiros, sustenta o órfão e a viúva, mas transtorna o caminho dos injustos."

Sl 150
É o salmo que encerra o saltério. É um hino com orquestra plena, lembrando que a tarefa principal de todo ser que respira é louvar o Deus libertador. Este louvor principia no templo, a casa de Deus e do povo, e celebra as façanhas de Deus, isto é, as suas intervenções na história.

Aleluia! Louvem a Deus no seu templo, louvem a ele no seu poderoso firmamento! Louvem a Deus por suas façanhas, louvem a ele por sua imensa grandeza! Louvem a Deus tocando trombetas, louvem a ele com cítara e harpa! Louvem a Deus com dança e tambor, louvem a ele com cordas e flauta! Louvem a Deus com címbalos sonoros, louvem a ele com címbalos vibrantes! Todo ser que respira louve a Javé! Aleluia!

Ao rezar os salmos, encontramos neles a nossa radiografia espiritual, pessoal e coletiva. Neles identificamos nossos estados de ânimo: desespero e alegria, medo e confiança, luto e doença, vontade de vingança e desejo de perdão, interioridade e fascinação pela grandeza do céu estrelado.

Pelo fato de revelarem nossa autobiografia espiritual, os salmos representam a palavra do ser humano a Deus e, ao mesmo tempo, a Palavra de Deus ao ser humano. O saltério serviu sempre como livro de consolação e fonte secreta de sentido, especialmente quando irrompe na humanidade o desamparo, a perseguição, a injustiça e a ameaça de morte. Um judeu, por exemplo, cercado de filhos, era empurrado para as câmaras de gás em Auschwitz. Ele sabia que caminhava para o extermínio. Mesmo assim, ia recitando alto o Sl 22: "Javé é o meu pastor [...] Embora eu caminhe por um vale tenebroso, nenhum mal temerei, pois junto a mim estás; [...]". A morte não rompe a comunhão com Deus. É passagem, mesmo dolorosa, para o grande abraço infinito da paz eterna.

Os salmos nos ensinam a habitar poeticamente a realidade. Então ela se transmuta num *grande sacramento* de Deus, cheia de sabedoria, de admoestações e de lições que tornam mais seguro nosso peregrinar rumo à Fonte. Como bem diz o salmista: "Quando eu caminho entre perigos, tu me conservas a vida. [...]

Estendes o braço contra a ira do meu inimigo, e a tua direita me salva. Javé fará tudo por mim. [...]" (Sl 138[137],7-8).

O Livro do profeta Isaías

O autor do livro é identificado em Is 1,1: "Visão de Isaías, filho de Amós, sobre Judá e Jerusalém, no tempo de Ozias, Joatão e Ezequias, reis de Judá".

O profeta Isaías foi primeiramente chamado a profetizar ao Reino de Judá. Este reino estava passando por tempos de reavivamento e de rebeldia. Judá foi ameaçado de destruição pela Assíria e pelo Egito, mas foi poupado por causa da misericórdia de Deus. Isaías proclamou uma mensagem de arrependimento do pecado e de expectativa esperançosa do livramento de Deus no futuro.

O Livro de Isaías foi escrito entre 701 e 681 a.C., e pode ser dividido em três partes:

- Primeiro Is 1–39: estes capítulos contém a mensagem central do profeta, que consiste na *santidade* de Deus, pois só ele é absoluto. Reconhecer este atributo evita que a prática da religião se torne idolatria. Em meio a grandes mudanças políticas internacionais, Isaías condena a aliança com as grandes potências, mostrando que a nação só será salva se permanecer fiel a Deus e ao seu projeto, no qual a justiça é o valor supremo. A espiritualidade fundada na santidade de Deus leva o profeta a um engajamento político. Por essa razão, ele combate e condena os ídolos presentes na sociedade. É nessa parte que ele fala do Emanuel (cf. Is 7,14). Foi nele que o Novo Testamento viu Jesus Cristo, que veio ao mundo para salvar o seu povo.

- Segundo Is 40–55: esta parte foi escrita por um profeta anônimo. É da época do exílio da Babilônia. Apresenta uma mensagem de esperança e consolação e recebe o nome de *Segundo* ou *Dêutero-Isaías*. O fim do exílio é visto como um novo êxodo. O condutor e a garantia desta nova libertação é o próprio Javé. O Povo de Deus, convertido, mas oprimido, é denominado *Servo de Javé*. Esse título é atribuído a Jesus Cristo, o justo que sofre e morre para libertar o ser humano. Depois de convertida e libertada, a comunidade se torna missionária, luz para que as nações se voltem para o verdadeiro Deus.

- Terceiro Is 56–66: esta parte recebe o nome de *Terceiro* ou *Trito-Isaías*. É uma coleção de oráculos anônimos que visam a estimular a comunidade recém-chegada do exílio e que se reuniu em Jerusalém com os que estavam dispersos. Condena os abusos que começam a aparecer. Mostra qual é o verdadeiro jejum necessário para a chegada de *novos céus e nova terra* (Is 58,1-12).

Há em Isaías alguns versículos-chave que merecem destaque:

- Is 6,8: "Ouvi, então, a voz do Senhor que dizia: 'Quem é que vou enviar? Quem irá de nossa parte?'. Eu respondi: 'Aqui estou. Envia-me!'".

- Is 9,1-6: O povo que andava nas trevas viu uma grande luz, e uma luz brilhou para os que habitavam um país tenebroso. [...] Porque nasceu para nós um menino, um filho nos foi dado: sobre o seu ombro está o manto real, e ele se chama "Conselheiro Maravilhoso", "Deus Forte", "Pai para sempre", "Príncipe da Paz". Grande será o seu domínio, e a paz não terá fim sobre o trono de Davi e seu reino, firmado e reforçado com o direito e a justiça, desde agora e para sempre.

- Is 14,12-13: "Como é que você caiu do céu, estrela da manhã, filho da aurora? Como é que você foi jogado por terra, agressor das nações? Você pensava: 'Vou subir até o céu, vou colocar meu trono acima das estrelas de Deus; vou sentar-me na montanha da Assembleia, no cume da montanha celeste".

- Is 7,14: "Pois saibam que Javé lhes dará um sinal: A jovem concebeu e dará à luz um filho, e o chamará pelo nome de Emanuel".

- Is 53,5-6: "Mas ele estava sendo transpassado por causa de nossas revoltas, esmagado por nossos crimes. Caiu sobre ele o castigo que nos deixaria quites; e por suas feridas é que veio a cura para nós. Todos nós estávamos perdidos como ovelhas, cada qual se desviava pelo seu próprio caminho, e Javé fez cair sobre ele os crimes de todos nós".

- Is 65,5: "O lobo e o cordeiro pastarão juntos, o leão comerá capim junto com o boi, mas o alimento da cobra é o pó da terra. Em todo o meu monte santo ninguém causará danos ou estragos, diz Javé".

Isaías utiliza o exemplo do amor de mãe para falar do amor de Deus: "Mas pode a mãe se esquecer do seu nenê, pode ela deixar de ter amor pelo filho de suas entranhas? Ainda que ela se esqueça, eu não me esquecerei de você". Deus jamais abandonará o ser humano, criatura de suas mãos e feito à sua imagem e semelhança. Uma música cantada de norte a sul do Brasil imortaliza esse versículo de Isaías. Diz assim:

"A mãe será capaz de se esquecer ou deixar de amar algum dos filhos que gerou? E se existir acaso tal mulher, Deus se lembrará de nós em seu amor. O amor de mãe recorda o amor de nosso Deus: tomou seu povo ao colo; quis nos atrair. Até a ingratidão inflama seu amor. Um Deus apaixonado busca a mim e a ti!".

- O Livro de Isaías revela o juízo e a salvação de Deus. Deus é "Santo, Santo, Santo" (Is 6,3), portanto ele não pode permitir a impunidade do pecado (Is 1,2; 2,11-20; 5,30; 34,1-2; 42,25). Isaías retrata o julgamento vindouro de Deus como um fogo consumidor (Is 1,31; 30,33).

- Isaías compreende que Deus é um Deus de misericórdia, graça e compaixão (Is 5,25; 11,16; 14,1-2; 32,2; 40,3; 41,14-16). A nação de Israel (Judá e Israel) é cega e surda aos mandamentos de Deus (Is 6,9-10; 42,7). Judá é comparado a uma vinha que deve ser, e será, pisoteada (Is 5,1-7). Só por causa de sua misericórdia e promessas a Israel é que Deus não permitirá que Israel e Judá sejam completamente destruídos. Ele vai trazer tanto a restauração e o perdão quanto a cura (43,2; 43,16-19; 52,10-12).

Você conhece pessoas que se dizem crentes em Cristo mas que são duas caras, ou seja, hipócritas? Esse talvez seja o melhor resumo de como Isaías enxergava a nação de Israel. Israel tinha uma aparência de justiça, mas era só de fachada. Neste livro o profeta Isaías desafia Israel a obedecer a Deus com todo o seu coração, não apenas no exterior. O desejo de Isaías era que aqueles que ouvissem ou lessem as suas palavras tivessem a convicção de abandonar a iniquidade e voltar-se para Deus a fim de receber perdão e cura.

O Livro de Oseias[26]

O profeta Oseias exerceu sua atividade no século VIII a.C. O livro foi escrito, provavelmente, entre 755 e 725 a.C. As datas constam de Os 1,1, que diz: "Palavra de Javé dirigida a Oseias, filho de Beeri, na época de Ozias, Joatão, Acaz e Ezequias, reis de Judá, enquanto Jeroboão, filho de Joás, era rei de Israel". Oseias é contemporâneo de Amós (cf. Am 1,1), Isaías (cf. Is 1,1) e Miqueias (cf. Mq 1,1). Segundo ele, a boa situação na qual o povo se encontrava apodrecia por causa da idolatria, da imoralidade e da injustiça. Enquanto Amós e Oseias profetizaram para Israel, Isaías e Miqueias o fizeram mais para Judá.

Por causa dos pecados do povo e da sua infidelidade espiritual, sua situação é comparada ao adultério (cf. 2Rs 14–17 e 2Cr 26–29). O Livro de Oseias expõe o coração de Deus. Com efeito, ele vive no próprio casamento o que Deus experimentava com o povo (cf. Os 1,2-9). Israel, a noiva de Deus, se envolvia com outros deuses. No Livro de Oseias, uma dolorosa realidade pessoal se transforma em poderoso símbolo da relação entre Deus e o seu povo escolhido. Os nomes dos filhos de Oseias[27] refletem os sentimentos de Deus para com Israel: *Jezrael* é o vale onde Jeú derrotara a dinastia anterior; mas esse rei, apesar do sangue

---

[26] Disponível em: <http://www.gotquestions.org/Portugues/Livro-de-Oseias. html#ixzz3GgLpRpKT>.

[27] "O simbolismo do casamento de Oseias é literal, assinalando, ao mesmo tempo, a situação espiritual de Israel (v. 2)." Seus filhos tiveram nomes significativos: "*O simbolismo do casamento*. O casamento de Oseias é literal, e simboliza ao mesmo tempo a situação espiritual de Israel (v. 2). a) Jezreel. O nascimento de Jezreel era prenúncio do fim da dinastia de Jeú (v. 4). Deus indignou-se com o modo de Jeú exterminar a dinastia de Acabe. É verdade que foi o próprio Deus que o mandou cortar a tal dinastia, mas Jeú extrapolou o limite (2Rs 9,10.36; 10,6). O nome hebraico Yizreel significa 'Deus espalhará'. A mensagem profética dessa narrativa ia mais além: era o fim do Reino do Norte, o cativeiro assírio (v. 6). b) Ló Ruama. Deus havia determinado desterrar as Dez Tribos do norte por causa de sua infidelidade. O nascimento de Ló Ruama, que significa 'desfavorecida', ou, de maneira

derramado, não mudou em nada a situação do país. A filha *Não Compadecida* manifesta a atitude do Deus desprezado, que não terá compaixão das pessoas que o abandonaram. O filho é *Não Meu Povo*, revelando o rompimento da Aliança entre Deus e o povo escolhido.

Os primeiros três capítulos descrevem a vida de Oseias. Ele se casa, mas a mulher dele se torna adúltera. Ele sofre com a infidelidade dela, mas ainda mostra a misericórdia para tomá-la de volta. Assim Deus viu a sua noiva, o povo de Israel, se envolvendo com "outros deuses", ou seja, cometendo adultério espiritual. Mesmo depois de tudo o que Israel havia feito, Deus teria graça e misericórdia para reconciliar-se com a esposa adúltera e restabelecer a união.

A vida do profeta Oseias representa o amor de Deus para com a humanidade. Ao ordenar que o profeta volte a amar e a se unir com a mulher que o traiu, Deus revela as mais profundas intenções do seu coração: "Começo das palavras de Javé por intermédio de Oseias. Javé disse a Oseias: 'Vá! Tome uma prostituta e filhos da prostituição, porque o país se prostituiu, afastando-se de Javé'" (Os 1,2). Ele é capaz de superar quaisquer barreiras, contanto que salve o ser humano para nele suscitar vida (cf. Os 2,4-15).

---

mais literal, 'não compadecida', indicava ser uma filha ilegítima, portanto nascida sem o amor do pai. Esse era o quadro espiritual de Israel naqueles dias. Por isso Deus não mais se compadeceria do povo de Israel, levando-o ao cativeiro – o fim de Israel (v. 6). c) Ló Ami (v. 9). Como o adultério rompe os laços matrimoniais, assim Israel, por causa de sua infidelidade ao seu Deus, havia quebrado o concerto do Sinai. O terceiro filho era também ilegítimo e com isso fecha-se o círculo. Oseias reconhece que Gomer adulterou, e o nome Ló Ami, que significa 'não povo meu', sugere o início das tragédias de Israel. A profecia se cumpre em 2Rs 17-18.23" (*O drama matrimonial de Oseias*. Disponível em: <http://ebdareiabranca.com/Oseias/OSLicao01.htm>).

Na figura de Gomer,[28] uma prostituta egoísta, divisa-se a ação da humanidade alvo do amor de Deus. Através da representação simbólica do casamento de Oseias e Gomer, o amor de Deus pela nação idólatra de Israel é exibido em uma rica metáfora com temas de pecado, juízo e amor perdoador. Os textos mais significativos de Oseias, a meu ver, são:

- Os 2,25: "Eu a semearei na terra, terei compaixão da 'Não Compadecida' e direi ao 'Não-Meu-Povo': 'Você é o meu povo'. E ele responderá: 'Meu Deus'".

- Os 6,6: "Pois eu quero amor e não sacrifícios, conhecimento de Deus mais do que holocaustos".

- Os 14,2-5: "Israel, converta-se para Javé, seu Deus, pois você tropeçou na sua própria culpa. Preparem as palavras e convertam-se a Javé. Digam-lhe: 'Perdoa toda a nossa culpa, aceita o que é bom, e te ofereceremos o fruto de nossos lábios. Não é a Assíria que nos salvará, não montaremos mais cavalos, jamais chamaremos novamente de nosso Deus a um objeto feito por nossas próprias mãos, pois é em ti, só junto de ti, que o órfão encontra compaixão'. Eu vou curar a sua apostasia, vou amá-los de todo o coração, pois a minha ira se apartou deles".

O Livro de Oseias nos assegura o amor incondicional de Deus por nós, seu povo. Este livro também é um retrato de como Deus é desonrado e irritado por nossas ações de filhas e filhos. Como pode um filho, uma filha, receber do Pai tanto amor e carinho e tratá-lo, em troca, com tanto

---

[28] Em Pr 31, Deus nos apresenta os atributos que deve ter a esposa fiel: virtuosa, sábia, trabalhadora, dócil... e, principalmente, fiel ao Senhor. Mas há neste livro um outro tipo de mulher: a que é prostituta, mundana, zombeteira, infiel ao Senhor. O seu nome é Gômer, a mulher com quem o Senhor ordenou que o profeta se casasse. E Oseias era o homem que dirigia a nação com as profecias do Senhor (cf. MENEZES SILVA, Valdenira Nunes de. Gômer, a esposa infiel. In: *Mulheres da Bíblia*. Disponível em: <http://campenhe-mulheres.blogspot.com.br/search/label/G%C3%94MER>).

desrespeito. No entanto, é isso que nós temos feito há séculos. Considerando a forma como o povo de Israel voltou suas costas para Deus, não precisamos olhar para longe. Basta olhar no espelho à nossa frente para que tenhamos um reflexo desses mesmos israelitas.

AS MULHERES NA FORMAÇÃO DO NOVO TESTAMENTO[29]

Através de sua palavra e ação, Jesus inaugurou a nova aliança ou, em outras palavras, o Reino de Deus. Esse Reino não é mais aliança com um povo só. É aberto a todos os homens e mulheres, a todos os povos de todos os tempos e lugares. Em Jesus Deus quer reunir toda a humanidade como uma família em que todos são chamados a viver como irmãos e irmãs, repartindo entre si todas as coisas. Essa é uma grande reunião, onde tudo é partilha e fraternidade no amor. E o Reino de Deus, que, semeado na história, vai crescendo até que se torne realidade para todos.

Jesus não deixou nada escrito. Ele pregou, ensinou e praticou o projeto de Deus. Isso fez com que ele entrasse em conflito com a estrutura da sociedade, que o perseguiu, prendeu e matou. Mas Jesus ressuscitou, enviou o Espírito aos seus seguidores, chamados apóstolos e discípulos. Eles continuaram sua missão pregando, ensinando e fazendo como Jesus fazia. Foram eles que escreveram o que encontramos no Novo Testamento. Não pretenderam fazer uma biografia de Jesus, nem história ou crônica da ação dos seus seguidores e seguidoras. Quiseram, em primeiro lugar, anunciar Jesus para

---

[29] *As mulheres no Novo Testamento.* Disponível em: <http://www.maxwell.vrac.puc-rio. br/12136/12136_5.PDF>.

que as pessoas tivessem fé e se comprometessem com ele. Fé e compromisso significam continuar sua palavra e ação, constituindo o Reino.

Embora a Mãe de Jesus faça parte do rol dessas mulheres, dela já tratamos no início deste opúsculo. Agora abordaremos somente algumas outras mulheres do Novo Testamento.

Zacarias-Isabel e João Batista

No Evangelho de Lucas encontramos o ciclo de João Batista. Falaremos de seus pais e principalmente de Isabel, sua mãe. Apresentando-os, Lucas afirma: "Os dois eram justos diante de Deus: obedeciam fielmente a todos os mandamentos e ordens do Senhor. Não tinham filhos, porque Isabel era estéril, e os dois já eram de idade avançada". A esterilidade e a velhice marcam a vida desse casal justo, e o tornam objeto de humilhação pública. Zacarias e Isabel representam a comunidade dos pobres e oprimidos, que dependem de Deus. Deus se volta para esses pobres: deles nascerá João, o último profeta da Antiga Aliança. João abrirá o caminho para a chegada do Messias, que iniciará a história da libertação dos pobres.[30] No nascimento de João Batista, seu pai entoa um cântico, movido pelo Espírito Santo. A justiça na Bíblia é a síntese da *santidade*.

---

[30] "Zacarias e Isabel representam a comunidade dos pobres e oprimidos, que dependem de Deus. Deus se volta para esses pobres: deles nascerá João, o último profeta da antiga Aliança. João abrirá o caminho para a chegada do Messias, que iniciará a história da libertação dos pobres (cf. nota em Ml 3,22-24)." "O nome de João (= Deus tem piedade) é o sinal que evidencia o projeto de Deus sobre a criança e sua missão." "O cântico de Zacarias é um louvor ao Deus misericordioso que realiza, através de Jesus, a 'visita' aos pobres. Em Jesus se manifesta a *força* que liberta dos inimigos e do medo, formando um povo santo diante de Deus e justo diante dos homens. Desse modo, manifesta-se a *luz* que ilumina a condição do povo, abrindo uma história nova, que se encaminha para a Paz, isto é, a plenitude da vida" (*BÍBLIA PASTORAL*. Paulus, edição on-line: notas referentes a Isabel-Zacarias em Lc 1).

O anúncio do anjo foi feito a Zacarias no Templo, enquanto a Maria é feito em casa. Zacarias era sacerdote, da elite clerical de Israel. Ele oferece o incenso e fica mudo, pois duvida do Senhor. Ao voltar para casa. Isabel concebe como o anjo predissera. Como já passara da idade de *gerar*, Isabel manteve-se recolhida, em silêncio, dizendo: "Eis o que o Senhor fez por mim, nos dias em que ele se dignou tirar-me da humilhação pública!".

Na história da salvação, *tudo* depende *diretamente* do Senhor. Um casal estéril, pois a mulher passara da idade de gerar, e uma virgem, pois não *conhecia* homem, tornam-se fecundos pelo poder de Deus. Ele, Senhor da vida e da salvação, age através das pessoas que o aceitam pela fé, isto é, sem restrições.

Na apresentação de João Batista, Zacarias sente soltar a sua língua e entoa um *cântico-síntese* da salvação:

Bendito seja o Senhor, Deus de Israel, porque visitou e redimiu o seu povo. Fez aparecer uma força de salvação na casa de Davi, seu servo; conforme tinha anunciado desde outrora pela boca de seus santos profetas. É a salvação que nos livra de nossos inimigos e da mão de todos os que nos odeiam. Ele realizou a misericórdia que teve com nossos pais, recordando sua santa aliança, e o juramento que fez ao nosso pai Abraão. Para conceder-nos que, livres do medo e arrancados das mãos dos inimigos, nós o sirvamos com santidade e justiça, em sua presença, todos os nossos dias. E a você, menino, chamarão profeta do Altíssimo, porque irá à frente do Senhor, para preparar-lhe os caminhos, anunciando ao seu povo a salvação, o perdão dos pecados. Graças ao misericordioso coração do nosso Deus, o sol que nasce do alto nos visitará, para iluminar os que vivem nas trevas e na sombra da morte; para guiar nossos passos no caminho da paz. O menino ia crescendo, e ficando forte de espírito. João viveu no deserto, até o dia em que se manifestou a Israel (Lc 1,67-80).

Esse canto ecoa aquele que Maria entoa ao conceber em seu seio o Filho de Deus.

Ana e Simeão[31]

Lucas registra o episódio da apresentação do menino Jesus no Templo, ocasião em que dois profetas já idosos testemunharam que Jesus era o Messias esperado. Eram Simeão e Ana. Com sua atitude eles ensinam lições de fé, esperança, perseverança, devoção e evangelização.

O evangelista menciona nomes de poderosos, como o imperador César Augusto (cf. Lc 2,1), o governador Quirino (cf. Lc 2,2) e o rei Herodes (cf. Lc 1,5). Diz, contudo, que a revelação foi dada a pessoas humildes como Zacarias e Isabel (cf. Lc 1,5-25; 41-45; 1,57-79) e José e Maria (cf. Lc 1,26-56); os pobres pastores (cf. Lc 2,5-20); e Simeão e Ana (cf. Lc 2,21-40). Nesse sentido, Jesus exclamará um dia: "Eu te louvo, Pai, Senhor do céu e da terra, porque escondeste essas coisas aos sábios e inteligentes, e as revelaste aos pequeninos. Sim, Pai, porque assim foi do teu agrado" (Lc 10,21). E também: "O Espírito do Senhor está sobre mim, porque ele me consagrou com a unção, para anunciar a Boa Notícia aos pobres" (Lc 4,18).

Jesus, como ordenava a tradição de Israel, foi apresentado ao Templo de Jerusalém após os dias da purificação. Lá estava Simeão, já idoso, e uma mulher chamada Ana,

---

[31] Simeão e Ana. Disponível em: <http://boasnovasreinodeus.blogs.sapo.pt/15717.html>. Também: <http://www.diantedotrono.com/simeao-e-ana>.

"filha de Fanuel, da tribo de Aser. Tinha-se casado bem jovem, e vivera sete anos com o marido. Depois ficou viúva, e viveu assim até os oitenta e quatro anos. Nunca deixava o Templo, servindo a Deus noite e dia, com jejuns e orações. Ela chegou nesse instante, louvava a Deus, e falava do menino a todos os que esperavam a libertação de Jerusalém" (Lc 2,36-38).

Os justos, eminentes por santidade de vida, reconhecem a divindade do menino e a proclamam diante de todos.

As mulheres que acompanharam o Senhor[32]

A leitura corrida do Novo Testamento deixa a impressão de que os seguidores de Jesus eram, na sua muito grande maioria, composta de homens. Contudo, isto não corresponde à verdade do projeto de Deus. Na sua pregação apostólica, Jesus reconduz o projeto do Pai ao seu estádio original. Com efeito, do primeiro relato da criação aprendemos que, no princípio, Deus criou *homem* e *mulher*, dando início à espécie humana. Outra não poderia ser a ação de Jesus, "aquele por quem tudo foi feito".

---

[32] Mulheres, discípulas de Jesus. Disponível em: <http://www.mir12.com.br/mulheres honra/?pg=ministracoes13082010_4>. É interessante ler a primeira parte do artigo "As mulheres da vida de Jesus". Disponível em: <http://www.istoe.com.br/reporta-gens/116637_AS+MULHERES+DA+VIDA+DE+JESUS+PARTE+1>. Um artigo interessante e significativo do teólogo argentino Ariel Alvarez Valdez, disponível em: <http://amaivos.uol.com.br/amaivos09/noticia/noticia.asp?cod_canal=44&cod_no-ticia=15737>, traz esta conclusão: "Nas mãos de Jesus, no grupo de Jesus, na escola de Jesus, todos somos valiosos e importantes. Mais ainda, todos somos necessários. Daquelas mulheres, que a sociedade da época não considerava, Jesus soube extrair enormes riquezas e descobrir um potencial impressionante. Porque nosso valor como pessoas não depende da aceitação dos demais, nem de que os outros nos reconheçam ou aprovem. Depende do chamado de Jesus para cada um. Isso é o que torna alguém extraordinariamente importante. E ele ainda continua chamando-nos a fazer coisas grandiosas. Todos. Basta escutá-lo e perguntar-lhe: aonde nos quer levar?".

Vamos, pois, ler o Novo Testamento buscando descobrir a ação dos seguidores de Jesus.

Ao iniciar a vida pública de pregador itinerante, Jesus ia "de cidade em cidade, de aldeia em aldeia", pregando e anunciando o Evangelho do Reino de Deus; e iam com ele os Doze. Nessa pregação iam também com Jesus algumas mulheres que haviam sido curadas de espíritos malignos e de enfermidades: Maria, chamada Madalena, da qual tinham saído sete demônios; Joana, mulher de Cuza, procurador de Herodes; Susana e muitas outras que o serviam com os seus bens (cf. Lc 8,1-3).

> Essas mulheres correspondem ao discipulado feminino. Nós estamos dando continuidade ao discipulado do Mestre Jesus. Elas compartilhavam todos os bens que possuíam no Ministério de Jesus. O que podemos concluir é que não servia a Jesus apenas mulheres iletradas, ignorantes, aquelas que não tinham afazeres, mas mulheres de diferentes níveis sociais. Creio que isso acontecia não só pelos sinais, milagres, prodígios e maravilhas que o Senhor realizava, mas, principalmente, pela sensibilidade fantástica que as mulheres têm, tanto para ouvir como para responder. Tudo isso fez com que tivessem uma importância significativa no ministério de Yeshua.[33]

Jesus é o salvador. Contudo, não abre mão do concurso humano. As mulheres, com suas peculiares qualidades e recursos, tornam-se mensageiras e servidoras do Reino. São verdadeiras discípulas do Senhor, realizando um serviço que só elas sabem fazer.

---

[33] Disponível em: <http://www.mir12.com.br/mulhereshonra/?pg=ministraco es13082010_4>.

Nos evangelhos de Mateus e Marcos

Em que pesem suas semelhanças "formais", há acentuações diversas de "conteúdo". Seguimos a ordem dos livros. Ao falar da genealogia de Jesus, Mateus (1,16) conclui: "Jacó foi o pai de José, o esposo de Maria, da qual nasceu Jesus, que é chamado o Messias". Está patente a ordem natural do projeto salvífico. Os Magos entraram na casa e encontraram o menino com Maria, sua Mãe, e prostrados o adoraram, oferecendo seus presentes.

É nesse período que José recebe a revelação da origem divina de Jesus e assume a sua função de pai terreno do Menino. Exerce a função de acompanhar Maria na apresentação, levando as ofertas de uma "família pobre". Volta para Nazaré e Jesus inicia a sua vida pública de pregador itinerante. É de uma atitude da mulher de Zebedeu que Jesus retira um riquíssimo ensinamento. Sem recriminá-la quando vem suplicar um lugar privilegiado para seus filhos, Jesus conclui: "[...] o Filho do Homem não veio para ser servido. Ele veio para servir, [...]" (Mt 20,20-28).

Não são muitas as passagens que falam da ação de Maria e das mulheres no Evangelho de Marcos. Respigamos estes poucos textos.

Em Mc 3,33 encontra-se esta interrogação fundamental para nós hoje: "Quem é minha mãe e meus irmãos?".[34] E correndo o olhar sobre a multidão que estava sentada ao seu redor, Jesus disse: "Aqui estão minha mãe e meus irmãos. Quem faz a vontade de Deus, esse é meu irmão, minha irmã e minha mãe".

Outro texto vital de Marcos (5,31): "Estás vendo a multidão que te aperta e ainda perguntas: 'quem me tocou?'". E Jesus olhava em volta para ver quem o fizera. Ora, a mulher,

---

[34] Pode ter Jesus desprezado sua mãe? Disponível em: <https://padrepauloricardo.org/episodios/pode-ter-jesus-desprezado-a-sua-mae>.

atemorizada e trêmula, sabendo o que nela se tinha passado, lançou-se aos pés de Jesus e contou-lhe toda a verdade. Mas ele lhe disse: "Minha filha, sua fé curou você. Vá em paz e fique curada dessa doença" (5,34).[35]

Enquanto Jesus ainda falava, chegou alguém da casa do chefe da sinagoga anunciando: "Sua filha morreu. Por que você ainda incomoda o Mestre?" (5,35). Ouvindo Jesus a notícia que era transmitida, dirigiu-se a Jairo, o chefe da sinagoga: "Não tenha medo; apenas tenha fé!" (5,36).

Encontramos aqui duas afirmações de riquíssimo conteúdo. A *primeira* é o olhar "circular" de Jesus, a significar o seu olhar em profundidade, buscando conhecer as intenções fundamentais das pessoas. A *segunda*: "Não tenha medo; apenas tenha fé!". A fé como elemento essencial para a cura. Sem fé, nem Deus pode realizar alguma coisa.

Outro episódio significativo é o da *mulher sírio-fenícia* ou *a cananeia*.

A Bíblia não fala seu nome, mas temos tanto que aprender dela. Os cananeus eram um povo inimigo dos judeus, eles tinham outra crença e outros costumes. Ela com certeza tinha escutado acerca dos milagres de Jesus e saiu ao seu encontro. Sua filha estava mal e precisava urgente uma solução. Ela tinha muitas barreiras que a impediam de chegar até ele, mas sua fé e coragem foram mais fortes que qualquer preconceito. Jesus no começo não fez caso, mas ela insistiu e ouviu esta resposta: "Não é bom tomar o pão dos filhos e lançá-lo aos cachorrinhos".

Mas com sua perseverança e consciente de que realmente não era merecedora, ela sabia que só ele tinha a solução e humil-

---

[35] MENEZES SILVA, Valdenira Nunes de. A mulher com fluxo de sangue. A que foi curada e salva pela fé. Disponível em: <http://solascriptura-tt.org/DoCoracaoDeValdenira/MulherComFluxoDeSangueQueFoiCurada-Valdenira.htm>.

demente respondeu: "Sim, Senhor, porém os cachorrinhos comem das migalhas que caem da mesa dos seus donos". O Senhor Jesus ficou admirado com tamanha fé e teve que abençoá-la, não poderia ser de outro jeito. Nós, as mulheres, normalmente somos muito sentimentais, podemos estar cheias de fé, ser perseverantes, mas de repente deixar nossas emoções florescerem e em segundos tudo vai por água abaixo. Uma palavra rude, uma repreensão, uma falta de atenção, já são motivos para nos entristecer e ficarmos arrasadas.[36]

A perseverança que sustenta a fé, eis a grande lição da mulher cananeia. "Por causa disso que você acaba de dizer, pode voltar para casa; o demônio já saiu da sua filha" (Mc 7,25-29).

Uma mulher *pobre e viúva* dá azo ao ensinamento sobre a generosidade (cf. Mc 12,38-44):

Jesus estava sentado diante do Tesouro do Templo e olhava a multidão que depositava moedas no Tesouro. Muitos ricos depositavam muito dinheiro. Então, chegou uma viúva pobre, e depositou duas pequenas moedas, que valiam uns poucos centavos. Então Jesus chamou os discípulos, e disse: "Eu garanto a vocês: essa viúva pobre depositou mais do que todos os outros que depositaram moedas no Tesouro. Porque todos depositaram do que estava sobrando para eles. Mas a viúva na sua pobreza depositou tudo o que tinha, tudo o que possuía para viver".[37]

---

[36] RUBIM, Tânia. A mulher siro-fenícia, perseverança. Disponível em: <http://taniarubim.com/mulheres-da-biblia-em-tempo-real-a-mulher-siro-fenicia-perseveranca.html>.

[37] "Enquanto os doutores da Lei 'exploram as viúvas e roubam suas casas', uma viúva pobre deposita no Tesouro do Templo 'tudo o que possuía para viver'. É o único fato positivo que Jesus vê em Jerusalém. Por isso proclama solenemente esse gesto ('eu garanto a vocês'), em contraposição à solenidade ostensiva dos ricos. Mostra, assim, o significado dessa oferta: as relações econômicas que devem vigorar numa sociedade que crê em Deus são as relações de doação total, que deixam as próprias seguranças, e não as relações baseadas no supérfluo" (*BÍBLIA PASTORAL*. Paulus, edição on-line: nota a Mc 12,41-44).

Uma consideração a mais: a viúva, tanto no Antigo como no Novo Testamento, era uma pessoa discriminada porque a sua situação era de pouca segurança. As viúvas, assim como os órfãos e os estrangeiros, pertenciam àquela categoria que precisava atenção especial dos profetas: "[...] aprendam a fazer o bem: busquem o direito, socorram o oprimido, façam justiça ao órfão, defendam a causa da viúva" (Is 1,17). "[...] se não oprimirem o estrangeiro, o órfão e a viúva; [...] então eu continuarei morando com vocês neste lugar, nesta terra que eu dei aos seus antepassados há muito tempo e para sempre" (Jr 7,6-7).

Também necessitavam do amparo e da defesa da Lei: "Não maltrate a viúva nem o órfão, porque, se você os maltratar e eles clamarem a mim, eu escutarei o clamor deles. Minha ira então se inflamará, e eu farei vocês perecerem pela espada: [...]" (Ex 22,21-22). "E você fará uma festa diante de Javé seu Deus – junto com seu filho e sua filha, seu escravo e sua escrava, com o levita que vive em sua cidade e o imigrante, o órfão e a viúva que vivem em seu meio – [...]" (Dt 16,11.14). "Quando você estiver ceifando a colheita em seu campo e esquecer atrás um feixe, não volte para pegá-lo: deixe-o para o imigrante, o órfão e a viúva. [...] o resto será para o imigrante, o órfão e a viúva" (Dt 24,19-21).

A viúva tímida, quase que ocultamente, pois somente Jesus e seus discípulos presenciaram-lhe o gesto, depositou, na arca do tesouro do Templo, sua oferenda obscura e insignificante, fruto de seu trabalho e indispensável para seu próprio sustento. Jesus considerou sua oferta superior ao conjunto de todas as demais dádivas que ali foram colocadas pelas pessoas abastadas da cidade. A viúva depositou o que lhe era substancial, ao passo que os outros deram do que lhes sobrava, e que não lhes faria falta.

86

No Evangelho de São João

João tinha em mente fortalecer a fé dos leitores. Ele próprio atesta que o seu Evangelho foi escrito "para que acrediteis que Jesus é o Cristo, o Filho de Deus, e para que acreditando tenhais a vida em Seu nome" (Jo 20,30-31).

Esta proclamação da messianidade e da filiação divina de Jesus, a partir dos "sinais", é para desenvolver a fé em Cristo como meio de obter a vida. Estes dois pontos de fé estavam sendo atacados pelos rabinos da renovada comunidade judaica.

Do ponto de vista cristológico, podemos afirmar que a finalidade do quarto Evangelho é a de testemunhar que aquele em quem se cumprem todas as promessas e expectativas vetero-testamentárias (o Cristo), aquele unicamente de quem pode depender a salvação do mundo, porque Filho enviado pelo Pai, é exatamente Jesus. O destaque dado por João deve ser tomado globalmente no sentido de evidenciar que não existe hiato entre Jesus de Nazaré, que viveu e pregou na Galileia e na Judeia, e o Cristo da fé presente na Igreja e que continua a santificar as almas mediante os sacramentos.[38]

João não faz parte dos sinóticos. Possui, contudo, fatos e acentuações que precisam ser analisados, pois completam os três primeiros evangelhos.

As mulheres no Evangelho de João[39]

No Evangelho de João, as mulheres são quem colabora com Jesus na descoberta e realização da sua missão. São sete os momentos nos quais aparecem figuras de mulher

---

[38] Cf. <http://www.veritatis.com.br/biblia/7784-evangelho-de-joao-introducao>.

[39] Muito significativo o trabalho-dissertação de mestrado de Tarcísio Marcelino Ferreira Monay *As mulheres no Evangelho de João: paradigmas de fé e anúncio.* Disponível em: <http://www.faculdadejesuita.edu.br/documentos/031111-TARCISIO_FINAL_20_06_08.pdf>.

no quarto Evangelho. Ao percorrer esses sete momentos, encontramos verdadeiras apóstolas, mulheres corajosas, dispostas a professar a sua fé, comunicá-la e seguir Jesus Cristo de forma radical.

Marta, que nos outros evangelhos é ativista, em João, na casa de Betânia, é aquela que professa a fé no Messias e convida sua irmã Maria a fazer também a experiência da presença viva de Jesus.

A samaritana comunica a seus conterrâneos sua experiência dialogal, assumindo corajosamente sua missão de evangelizadora.

Ao pé da cruz encontramos a mãe – Maria – numa atitude profundamente marcada pela solidariedade com o sofrimento de seu Filho e com todos os sofredores e sofredoras da humanidade.

E na explosão da vida – a Ressurreição – está Maria Madalena, símbolo da comunidade que saboreia a centralidade da fé cristã: *Cristo vive e está no nosso meio e nos faz irmãos e irmãs.*

Outro elemento ligado ao feminino e que aparece em quase todo o Evangelho é a água. A água ou o líquido é um elemento vital para o ser humano, pois desde o útero materno, na fluidez do líquido, cada ser humano faz a experiência de crescer, desenvolver e nascer para uma nova realidade.

Portanto, podemos dizer que o Evangelho de João é o grande poço do qual fluem, de diversos pontos, elementos preciosos para aprofundar o papel evangelizador da mulher. É também um manancial do qual emana vida nova.

Eis os sete momentos nos quais aparece a presença da mulher no Evangelho de João.

- Maria nas bodas de Caná: Jo 2,1-11;

- A samaritana: Jo 4,1-42;

- A mulher chamada adúltera – perdão: Jo 8,1-11;

- Marta, a profissão solene de fé: Jo 11,27;

- Maria que unge os pés de Jesus: Jo 12,7;

- Maria ao pé da cruz: Jo 19,25-27;

- Madalena anuncia a ressurreição: Jo 20,11-18.

Rica é a galeria das mulheres no quarto Evangelho. Vamos falar sucintamente delas.

A samaritana e a água da vida (Jo 4,1-42)[40]

Jesus deixa a Judeia e vai para a Galileia. Obrigatoriamente deveria passar pela Samaria. Cansado, senta-se na borda do poço que Jacó deixara para seu filho José. Era pelas três horas da tarde.

"Dê-me de beber", pede Jesus à samaritana que vem buscar água. (Se os judeus não dirigem a palavra a alguém da Samaria, quanto mais a uma mulher.) "Como é que tu, sendo judeu, pedes de beber a mim, que sou samaritana?" Respondeu-lhe Jesus: "Se você conhecesse o dom de Deus, e quem lhe está pedindo de beber, você é que lhe pediria. E ele daria a você água viva".

Estabelece-se um dos mais ricos, profundos e existenciais diálogos de toda a Bíblia. A resposta de Jesus desinstala a vida da mulher. "[...] aquele que beber a água que eu vou dar, esse nunca mais terá sede. E a água que eu lhe darei, vai se tornar dentro dele uma fonte de água que jorra para a vida eterna."

---

[40] ALLAN, Dennis. "Em uma conversa junto a um poço samaritano Jesus oferece a Água da Vida". Disponível em: <http://www.estudosdabiblia.net/d51.htm>.

A vida eterna é a verdade, e a mulher descobre essa verdade: "Esse Messias sou eu, que estou falando com você". A mulher acredita. Deixa o seu cântaro e vai anunciar: "Venham ver um homem que me disse tudo o que eu fiz. Será que ele não é o Messias?". Conduzidos pela mulher, os habitantes da Samaria acreditam em Cristo, a "água da vida".

Essa história é muito rica para que se possa observar todas as suas grandes mensagens. Vamos parar um pouco para analisar algumas das maravilhosas lições que podemos extrair dela:

1. *Nossa vida está rodeada de oportunidades.* O que pode parecer ser um simples encontro entre Jesus e uma mulher desconhecida vira uma tremenda oportunidade para evangelizá-la. Talvez Jesus não voltasse a passar por aquele caminho outra vez, mas ele tirou completa vantagem da oportunidade que estava em suas mãos. Há encontros *oportunos* num ônibus, numa loja, ou numa fila de banco, e que poderiam ser justamente uma de tais ocasiões. São verdadeiros campos prontos para serem ceifados.

2. *Não se oferece a salvação ao mundo com conversas mundanas.* Quando Jesus usou a linguagem espiritual e a mulher pensou em água do poço, o Senhor não se desviou de seu rumo. Ele encontrou um modo de trazer os pensamentos da mulher do poço para as elevadas verdades que poderiam mudar sua eternidade.

3. *Jesus usou as perguntas da mulher como um trampolim para os importantes assuntos que ela precisava ouvir.* Ela falou de um monte, e Jesus foi para o coração dela. Ela pensou no Messias como uma esperança futura, e Jesus colocou-a face a face com o Cristo.

4. *Para alcançar a salvação, é preciso ver a verdade penosa da própria condição espiritual.* O ponto crítico da conversa foi quando Jesus, de forma implícita, revelou duas coisas: 1ª) que a mulher estava num triste estado de pecado; e 2ª) que ele é aquele que pode reconhecer e resolver seus problemas de alma.

5. *Para alcançar a salvação, não se pode unicamente confiar no testemunho de outros.* Precisamos ouvir as mesmas palavras de Jesus. João e outros discípulos registraram cuidadosamente as palavras e atos de Jesus para dar a todas as futuras gerações uma base para acreditarem (Jo 20,26-31).

A mulher adúltera e o amor que tudo perdoa (Jo 8,1-11)

O episódio é narrado em Jo 8,1-11. É um texto que aparece somente neste Evangelho. Alguns exegetas pensam que não se trate de um relato de João, pois parece mais típico de Lucas. Apesar dessas questões literárias, não há dúvidas sobre sua inspiração joanina, fazendo desta uma das páginas mais bonitas e ricas dos evangelhos.

Jesus ensinava no Templo. Eis que lhe apresentam uma mulher que fora surpreendida cometendo adultério. Lembram a Jesus que a Lei ordena que tal mulher deveria ser morta, apedrejada... Para colocá-lo à prova, perguntam sua opinião... Jesus não responde e começa a escrever com o dedo na terra. Voltam a questioná-lo e ele diz: "Quem de vocês não tiver pecado, atire nela a primeira pedra".

Todos vão saindo, a começar pelos mais velhos.

Jesus pergunta: "Mulher, onde estão os outros? Ninguém condenou você?". Ela respondeu: "Ninguém, Senhor". Jesus lhe diz: "Eu também não a condeno. Pode ir, e não peque mais".

A mensagem evangélica é bem objetiva. Diante do pecado, Deus acolhe o pecador de braços abertos, convidando-o à conversão. *Pode ir, e não peque mais!*

Podemos fazer ainda outras considerações. Jesus está diante de um caso cuja solução já fora dada pela Torá (cf. Lv 20,10; Dt 22,22). Era só cumprir a lei e apedrejar! Ao perguntarem a Jesus, colocam em confronto a Antiga Lei (Torá) e a Nova Lei (Jesus).

A *Antiga Lei* fora gravada *pelo dedo de Deus* em tábuas de pedra (Ex 31,18; Dt 9,10). Também a *Nova Lei*, a do perdão, é *escrita pelo dedo de Deus*. A ligação entre a Antiga e a Nova Lei é conservada, reinterpretada e desenvolvida! Está em Jesus. "Eu também não a condeno. Pode ir, e não peque mais."

A ressurreição de Lázaro (Jo 11,1-45)[41]

Lázaro de Betânia era amigo de Jesus. Tinha duas irmãs, Marta e Maria, a mesma que ungiu o Senhor com bálsamo e lhe enxugou os pés com os cabelos. Aos fariseus que criticavam o gesto, Jesus disse: "[...] os muitos pecados que ela cometeu estão perdoados, porque ela demonstrou muito amor" (Lc 7,47).

Quando Lázaro adoeceu, Jesus estava bem distante de Betânia. O Senhor tinha passado por Jerusalém e lá quiseram

---

[41] LIZORKIN-EYZENBERG, Eli. A ressurreição de Lázaro, os judeus e tradição judaica (Jo 11,1-44). Disponível em: <http://jewishstudies.eteacherbiblical.com/pt-br/ressurreicao-de-lazaro-os-judeus-e-tradicao-judaica-joao-111-44>. Também: BARBOSA, Éverson. O milagre da ressurreição de Lázaro. Disponível em: <http://estudos.gospelmais.com.br/o-milagre-da-ressurreicao-de-lazaro.html>. "Jesus se apresenta como a ressurreição e a vida, mostrando que a morte é apenas uma necessidade física. Para a fé cristã a vida não é interrompida com a morte, mas caminha para a sua plenitude. A vida plena da ressurreição já está presente naqueles que pertencem à comunidade de Jesus." "A morte é o resumo e o ponto máximo de todas as fraquezas humanas. O medo da morte acovarda o homem diante da opressão, e o impede de testemunhar. O medo fortalece o poder dos opressores. Libertando o homem desse medo, Jesus torna-o radicalmente livre e capaz de dar até o fim o testemunho da própria fé" (*BÍBLIA PASTORAL*. Paulus, edição on-line: notas a Jo 11,17-44).

apedrejá-lo por causa de seus ensinamentos (cf. Jo 10,31). Foi então que ele e seus discípulos se retiraram para a região perto do rio Jordão onde João batizava (cf. Jo 10,40).

Jesus soube que Lázaro caíra doente porque Marta e Maria mandaram avisá-lo: "Senhor, aquele a quem amas está doente" (Jo 11,3). O Evangelho diz: "Quando [Jesus] ouviu que ele estava doente, ficou ainda dois dias no lugar onde estava" (Jo 11,6). Ao final desses dias, Jesus disse a seus discípulos: "Vamos outra vez à Judeia" (Jo 11,7).

Quatro dias depois, Jesus chega à casa de Marta e Maria. Afirma que Lázaro vai ressuscitar. Disse Marta: "Sim, Senhor. Eu acredito que tu és o Messias, o Filho de Deus que devia vir a este mundo" (Jo 11,27).

Jesus disse a seus discípulos: "O nosso amigo Lázaro adormeceu. Eu vou acordá-lo" (Jo 11,11). O ponto de vista de Deus sobre a morte física é vê-la precisamente como um sono, do qual só ele pode nos despertar. O gesto de Jesus demonstra um poder absoluto em relação a essa morte.

Jesus encontrou-se com Marta, que foi logo dizendo: "'Senhor, se estivesses aqui, meu irmão não teria morrido. Mas ainda agora eu sei: tudo o que pedires a Deus, ele te dará'. Jesus disse: 'Seu irmão vai ressuscitar'" (Jo 11,21-23).

Ao chegar ao túmulo, Jesus manda retirar a pedra que estava sobre ele. Não se impressiona quando lhe dizem que "já está cheirando mal". E ordena: "Lázaro, saia para fora!". Lázaro saiu, tendo os pés e as mãos ligados com faixas e o seu rosto envolto em um lençol. Jesus ordenou: "Desamarrem e deixem que ele ande". E muitos creram nele!

Jesus é Vida e ensina, acima de tudo, que o que mais deve preocupar todas as pessoas é a preservação da vida de todos os homens e mulheres dessa nossa terra. É preciso construir uma sociedade justa e fraterna, onde a preocupação com a vida humana seja prioridade. Um mundo onde não haja aborto, eutanásia e doentes desassistidos, onde crianças, adolescentes, jovens e pessoas idosas sejam respeitados. Um mundo onde não haja discriminação, nem fome, nem corrupção, nem drogas, nem violência. Jesus disse a Marta: "Eu sou a ressurreição e a vida" (Jo 11,25). A cultura de morte que impera em nosso planeta demonstra, com certeza, a ausência de Deus nos corações. O assassinato de crianças, adolescentes e jovens entristece e deixa as pessoas cabisbaixas e silenciosas. O nosso coração chora!

As mulheres ao pé da cruz[42]

O quarto Evangelho e São Lucas narram as cenas finais da vida de Jesus: sua prisão, seu julgamento e sua crucificação com as cenas reais da coroação de uma vida de entrega por amor. Narram também a ressurreição.

Várias são as mulheres que participam dessa hora, com acentuações diversificadas.

No momento da prisão e do julgamento de Jesus, a mulher de Pilatos manda dizer ao marido: "Não se envolva com esse justo, porque esta noite, em sonhos, sofri muito por causa dele" (Mt 27,19).

Após a flagelação e condenação, Jesus toma a cruz e caminha para o Calvário. Encontra, então, as piedosas mulheres a se lamentar e chorar. Ele lhes diz: "Mulheres de Jerusalém, não chorem por mim! Chorem por vocês mesmas e por seus filhos!" (Lc 23,28).

---

[42] RODRIGUES, Dom Eduardo Benes de Sales (arcebispo de Sorocaba). Maria ao pé da cruz. Disponível em: <http://www.cruzeirodosul.inf.br/materia/533044/maria-ao--pe-da-cruz>. Eis a grande lição para nós: "Viver da fé não é compreender tudo desde o início, mas é cultivar a certeza de que os acontecimentos que tecem nossa história, também os dolorosos, e a história do mundo são conduzidos pela bondade de Deus. *O termo do caminho de nossa vida é a Vida plena em Deus. Jesus Ressuscitou!*".

As mulheres não o abandonam, o que não acontece com os discípulos. Diz João:

> A mãe de Jesus, a irmã da mãe dele, Maria de Cléofas, e Maria Madalena estavam junto à cruz. Jesus viu a mãe e, ao lado dela, o discípulo que ele amava. Então disse à mãe: "Mulher, eis aí o seu filho". Depois disse ao discípulo: "Eis aí a sua mãe". E dessa hora em diante, o discípulo a recebeu em sua casa (Jo 19,25-27).

Acolher Maria é levá-la para casa como mãe!

Após a ressurreição do Senhor, as mulheres estão lá e recebem a missão de ser as mensageiras da Boa-Nova fundamental do Reino: a ressurreição:

> No primeiro dia da semana, bem de madrugada, as mulheres foram ao túmulo de Jesus, levando os perfumes que haviam preparado. Encontraram a pedra do túmulo removida. Mas ao entrar, não encontraram o corpo do Senhor Jesus, e ficaram sem saber o que estava acontecendo. Nisso, dois homens, com roupas brilhantes, pararam perto delas. Cheias de medo, elas olhavam para o chão. No entanto, os dois homens disseram: "Por que vocês estão procurando entre os mortos aquele que está vivo? Ele não está aqui! Ressuscitou! Lembrem-se de como ele falou, quando ainda estava na Galileia" [...] Voltaram do túmulo, e anunciaram tudo isso aos Onze, bem como a todos os outros (Lc 24,1-6.9).

As mulheres nos Atos dos Apóstolos[43]

O Livro dos Atos dos Apóstolos começa com uma afirmação que é síntese do livro: "Todos eles tinham os mesmos sentimentos

---

[43] REIMER, Ivani Richter. *Liderança e ministérios de mulheres em Atos dos Apóstolos*. Disponível em: <http://www.geocities.ws/sitemaranatha/Mulheres1.pdf>. Assim conclui autora:

e eram assíduos na oração, junto com algumas mulheres, entre as quais Maria, mãe de Jesus, e com os irmãos de Jesus" (At 1,14).

Atos continua com a descrição das perseguições sofridas pelos apóstolos e a comunidade dos seguidores de Jesus, bem como da sua organização e crescimento na força e graça do Espírito Santo. Conclui At 5,42: "E cada dia, no Templo e pelas casas, não paravam de ensinar e anunciar a Boa Notícia de Jesus Messias".

Há um episódio marcante: o de Ananias e Safira, que tentam enganar os que não param de ensinar e de anunciar a Jesus, o Cristo (At 5,1-11).

At 9 continua a narrar a ação dos apóstolos. É fato marcante, nesse momento, a conversão de Paulo e do centurião Cornélio (At 10,1-48). Por ter obedecido ao Espírito Santo, Pedro teve de justificar-se perante a Igreja.

At 11,21 conclui esta parte: "A mão do Senhor estava com eles, de modo que foi grande o número dos que acreditaram e se converteram ao Senhor".

De forma geral e sem muitos detalhes, temos notícias sobre a conversão de mulheres e sua subsequente participação – tão anônima quanto a de homens – na vida da Igreja (At 5,14; 8,12; 17,4.12; 21,5-6). Temos informações sobre a presença de mulheres na igreja de Jerusalém, através das narrativas de perseguição que Saulo realizava contra a Igreja (At 8,1-3; 9,2; 22,4). Através de rápida menção, sabemos da conversão e participação de quatro mulheres profetisas em Cesareia (At 21,9), da filósofa Dâmaris em

---

"O livro de Atos nos permite perceber a presença e a atuação de mulheres nas mais diferentes cidades espalhadas pelo Império Romano. Trata-se de mulheres que vivenciaram a graça de Deus através da presença viva do Cristo ressurreto. São mulheres que trabalhavam, viajavam e neste seu cotidiano atuavam como discípulas, missionárias e anunciadoras da boa-nova libertadora de Jesus Cristo".

Atenas (At 17,34), da mãe de Timóteo – que o educou na fé (At 16,1). Ficamos sabendo de conflitos intraeclesiais de ordem financeira e diaconal (At 5,1-11; 6,1-7). Temos notícias sobre conflitos de competência religiosa entre Paulo e a escrava pitonisa que representava outra expressão religiosa (At 16,16-18).

Uma dinâmica diferente, por exemplo, acontece nas próprias cartas de Paulo, que também destacam mulheres como divulgadoras do Evangelho de Jesus Cristo: Cloé (1Cor 1,11); Febe (Rm 16,1-2); Priscila (1Cor 16,19; Rm 16,3-5). Paulo pede que a comunidade dê saudações a ela e a seu marido: "Saudações a Prisca e Áquila, meus colaboradores em Jesus Cristo, que arriscaram a própria cabeça para salvar a minha vida. A eles não somente eu sou grato, mas também todas as igrejas dos pagãos" (Rm 16,3-4). Além deles, o apóstolo nomeia Júnia "apóstola" (Rm 16,7).

Atos narra o martírio do primeiro apóstolo (At 12,2), concluindo: "A Palavra de Deus, entretanto, crescia e se multiplicava" (At 12,24). Começa, então, a pregação itinerante de Barnabé e Saulo. Chegam a Antioquia, sofrendo forte resistência dos judeus. O discurso feito por Paulo em At 13 é uma síntese de todo o seu labor missionário. A ação de Paulo e Barnabé era tão intensa e frutuosa que exigiu a convocação do primeiro concílio a fim de pontualizar a ação da Igreja. O discurso de Tiago resume tudo. Paulo e Barnabé foram despedidos em paz pelos irmãos, de volta aos que os haviam mandado. A seguir, Paulo e Barnabé se separam, continuando cada qual a sua missão. Entre outros lugares, Paulo dirige-se a Atenas, onde prega no Areópago. Lá, Paulo argumentava na sinagoga com os judeus e os gregos devotos, e na praça, todos os dias, com os que se encontravam ali. Paulo apresenta o deus desconhecido e é rejeitado. "Alguns, porém, se uniram a ele e abraçaram a fé. Entre esses estava também Dionísio, o Areopagita, uma mulher chamada Dâmaris e outros com eles" (At 17,34).

Paulo realiza um intenso trabalho missionário em Corinto e Éfeso. Aí encontra e converte o casal Priscila e Áquila. Paulo continua corajosamente na Macedônia e na Grécia e depois na Ásia. De lá, após uma conspiração dos judeus, Paulo vai para Éfeso. Enfrenta o governador e posteriormente é mandado ao rei Agripa. Navega, então, para Chipre, para em Malta e de lá segue para Roma, onde fica, durante dois anos, "pregando o Reino de Deus. Com toda a coragem e sem obstáculos, ele ensinava as coisas que se referiam ao Senhor Jesus Cristo" (At 28,31).

A ação da mulher nas cartas de Paulo

Os Atos dos Apóstolos e as cartas de São Paulo são preciosas fontes de conhecimento do engajamento no primitivo Cristianismo das mulheres e do serviço prestado por elas às comunidades nascentes. É perceptível que a missão de Cristo continuava a prosperar e a precisar dos frágeis instrumentos humanos para dar continuidade à tarefa da Igreja. Se, em primeiro lugar, os santos apóstolos cumpriam a missão de testemunhar e evangelizar, não foram poucas as mulheres que, junto com eles, entregaram-se nesta empreitada. É preciso dar visibilidade e notoriedade àquelas primeiras mulheres que testemunharam a fé em Cristo.

As cartas de Paulo são o retrato de seu zelo apostólico e a demonstração do seu amor e do seu apego a Cristo. Embora não apresentemos todas as cartas nem as cartas inteiras, buscamos retratar os trechos mais significativos para o nosso opúsculo.

Primeira Carta aos Coríntios

A fundação da antiga cidade de Corinto perde-se no tempo, calcula-se que foi em torno de mil anos a.c. Era uma cidade famosa por seus vasos pintados e bronze trabalhado: um importante centro marítimo e comercial.

Em 146 a.c. o cônsul Lúcio Múmio arrasou completamente a antiga cidade para suprimir uma rival comercial do novo porto de Delos, através do qual os romanos dominavam todo o mar Egeu.

Um século mais tarde, em 46 a.c., Júlio César, após sua vitória sobre Pompeu, mandou reconstruir a cidade com o nome de *Laus Julia Corinthus*. Seus primeiros habitantes foram romanos, sobretudo soldados das legiões vencidas em Farsola. A eles logo se juntaram povos provenientes de outras vilas da Grécia e de outras partes do império. A princípio, a nova Corinto vivia da exploração das ruínas da antiga cidade, de onde retiravam muitos tesouros. Mas, por causa de sua excelente posição geográfica, entre dois mares, a nova cidade prosperou. Também o porto de Delos, seu concorrente, entrou em declínio na guerra contra Mitrídates.

Corinto estava situada a oito quilômetros do istmo que une o Peloponeso ao continente. Era formada por duas partes; a cidade alta ou Acrópole e a cidade baixa. A Acrópole estava situada sobre o monte chamado Acrocorinto, com 573 m de altura. Era habitada apenas por soldados e por pessoas que trabalhavam nos templos ali construídos, tais como o da deusa Fortuna, do Sol, de Ísis e Osíris e, sobretudo, o grande templo de *Afrodite Pândemos* ou "Vênus de todo o povo". A cidade baixa era a parte habitada pelos civis. Estava situada entre dois portos: o porto de Lecaion ou Laqueu, a oeste, no golfo de Corinto, no qual recebia os navios vindos da Itália, Espanha e norte da África; e o porto de Cencre ou Cencreia, a leste, a dez quilômetros a leste, no golfo Sarônico, na direção de Atenas, no mar Egeu.

Os dois portos eram unidos pelo *Diolkos*, uma "estrada para navios" com nove quilômetros de extensão. Por ela, através de um engenhoso sistema de transporte, os navios eram transferidos de um mar a outro. Esse meio de transporte conferia uma extraordinária vida à cidade. Estava sempre cheia de marinheiros, capitães e soldados. Os impostos e as taxas eram uma preciosa fonte de riquezas; o comércio prosperava, e Corinto tornou-se uma cidade rica e célebre. Era a terceira cidade do império, depois de Roma e Alexandria.

Além dos dois portos, Corinto era dominada pelo templo de Afrodite Pândemos, situado no Acrocorinto, com suas mil sacerdotisas (hieródulas), ou prostitutas sagradas. Os historiadores não estão de acordo sobre a natureza das cerimônias realizadas nesse templo. Para uns, a prostituição sagrada era uma prática constante. Para outros, acontecia apenas nas grandes festas da deusa.

Além do culto a Afrodite, Corinto abrigava uma multidão de deuses e cultos: Ísis e Osíris, Cibele da Frígia, Esculápio – deus da medicina –, Poseidon ou Netuno – deus do mar –, cujo templo estava situado no istmo. Todos os anos eram celebrados os *jogos ístmicos* em honra de Poseidon. Havia, ainda, o culto ao imperador.

Embora esta carta, como as demais, seja dirigida a uma comunidade concreta, composta de homens e mulheres comuns, nela buscaremos alusões a ações de mulheres em suas diversificadas funções e em suas respectivas comunidades.

De um modo elevado e teológico, Paulo tratará da sublimidade do corpo humano que Deus vai ressuscitar em seu poder. Toda prostituição é abominação do Corpo de Cristo.

1Cor 7 é a "carta magna" da virgindade e do casamento: "[...] para evitar a imoralidade, cada homem tenha a sua esposa, e cada mulher o seu marido" (1Cor 7,2). Seja cada um como Deus o chamou. Esta é a ordem do apóstolo.

Segunda Carta aos Coríntios

Na segunda carta o apóstolo coloca toda a sua confiança em Deus, ao afirmar: "Não nos atreveríamos a pensar que essa obra é devida a algum mérito nosso; pelo contrário, é de Deus que vem a nossa capacidade" (2Cor 3,5). A única certeza do apóstolo é: "Nós sabemos: quando a nossa morada terrestre, a nossa tenda, for desfeita, receberemos de Deus uma habitação no céu, uma casa eterna não construída por mãos humanas" (2Cor 5,1).

Enquanto vive nesta terra, o ministério do apóstolo é o da reconciliação. Cristãos e cristãs não podem receber em vão a graça de Deus. "Caríssimos, já que temos tais promessas, vamos purificar-nos de toda mancha do corpo e do espírito. E levemos a cabo a nossa santificação no temor de Deus" (2Cor 7,1).

Carta aos Gálatas

A palavra "Galácia" podia ser entendida de três modos diferentes. Designava:

a) o país da Europa habitado pelos gauleses e chamado, em latim, de Gália;

b) a região da Ásia Menor ocupada pelos gauleses no séc. III a.C.;

c) a província romana da Galácia, formada após a morte do rei Amintas em 24 d.C.

À Galácia propriamente dita foram juntadas a parte oriental da Frígia, a Licaônia, a Isáuria e o Ponto. A província romana compreendia todos esses territórios. A província da Galácia dependia do imperador e era governada por um legado pretoriano. O governador morava em Ancira (atual Ancara), que era a grande metrópole da região.

Eis algumas mensagens desta carta:

- O Evangelho é dom de Deus. Foi ele quem nos chamou desde o ventre de nossas mães. Por essa razão *a pessoa justa vive da sua fé*. Com efeito, somos filhos e filhas de Deus, que "Deus enviou aos nossos corações o Espírito do seu Filho que clama: *Abba*, Pai! Portanto, você já não é escravo, mas filho; e se é filho, é também herdeiro por vontade de Deus" (Gl 4,6-7). Não somos filhos e filhas da escrava (Agar) e sim da livre (Sara). Porque somos filhos e filhas da livre, temos de operar as obras do Espírito, isto é: "amor, alegria, paz, paciência, bondade, benevolência, fé" (Gl 5,22). A exortação final do apóstolo é: "[...] enquanto temos tempo, façamos o bem a todos, especialmente aos que pertencem à nossa família na fé" (Gl 6,10). A nossa glória está na cruz de Nosso Senhor Jesus Cristo.

Carta aos Efésios

Éfeso foi uma das maiores cidades do Império Romano, capital da província chamada Ásia Menor, um território que hoje pertence à Turquia. Localizava-se às margens do rio Caístro. Entre suas construções destacava-se o templo da deusa Diana, também conhecida como Artêmis. Os cultos ali realizados incluíam a prostituição em seus rituais. Tal edifício estava entre as Sete Maravilhas do Mundo Antigo. O templo foi incendiado no dia em que nasceu Alexandre Magno. Posteriormente, o próprio Alexandre ofereceu-se para reconstruí-lo. Contudo, sua oferta foi recusada pelos efésios, os quais reconstruíram o santuário, tornando-o mais esplêndido do que antes. Quando escreveu a Primeira Carta aos Coríntios, Paulo estava em Éfeso. Talvez por isso, diante da grandiosidade daquela construção, o apóstolo fale sobre a Igreja de Cristo, comparando-a a um edifício. Ele menciona o processo de edificação, o fundamento, os construtores e o material utilizado (1Cor 3,9-17). Mais tarde, quando escreve aos Efésios, Paulo volta a essa comparação (Ef 1,19-22).

Havia em Éfeso uma grande biblioteca e um teatro para 25 mil pessoas sentadas. A cidade possuía o principal porto da Ásia, colocando-se, assim, na rota comercial do império. Foi construído naquela cidade um templo para a realização de cultos ao imperador romano. Hoje, existem apenas ruínas daquele grande centro urbano, entre as quais se destaca a fachada da antiga biblioteca.

A fundação da Igreja de Éfeso deu-se por ocasião da primeira visita de Paulo, durante a segunda viagem missionária (At 18,19). Na segunda vez em que foi à cidade (At 19,1), permaneceu lá durante um período superior a dois anos. Éfeso tornou-se o centro dos trabalhos missionários do apóstolo. Pode ser que nessa ocasião tenham sido fundadas as sete igrejas mencionadas em Ap 2–3.

A permanência de Paulo em Éfeso foi interrompida por uma grande perseguição (At 19,21-40; 1Cor 15,32). Diante disso, Paulo se retira. Depois de algum tempo, mandou chamar os líderes da Igreja de Éfeso para se encontrarem com ele em outra cidade, Mileto. Ali, Paulo se despede deles, dizendo que não mais o veriam (At 20,16-38). Nesta carta Paulo sublinha:

- Jesus Cristo, cabeça da Igreja, é o autor da nossa redenção. Temos também o Espírito Santo da promessa.

Que o "Deus de nosso Senhor Jesus Cristo, o Pai a quem pertence a glória, lhes dê um espírito de sabedoria que lhes revele Deus, e faça que vocês o conheçam profundamente" (Ef 1,17). A salvação de todos, judeus e gentios, é *obra da graça*. Ela faz de todos nós *santos e santas. membros da família de Deus.*

- A missão comum: mantenham entre vocês laços de paz, para conservar a unidade do Espírito. Há um só corpo e um só Espírito, assim como a vocação de vocês os chamou a uma só esperança: há um só Senhor, uma só fé, um só batismo. Há um só Deus e Pai de todos, que está acima de todos, que age por meio de todos e está presente em todos. Cada um de nós, entretanto, recebeu a graça na medida que Cristo a concedeu (4,3-7).

- A consequência é afastar-nos de toda impureza e prostituição para termos a herança de Jesus Cristo. Essa herança é manifestada nas virtudes domésticas. Somos membros do Corpo de Cristo. Tal realidade vital se manifesta de modo pleno no matrimônio, imagem fiel do amor de Cristo pela Igreja. Para viver tamanha graça é preciso revestir-se da armadura de Deus: "[…] os pés calçados com o zelo para propagar o evangelho da paz; tenham sempre na mão o escudo da fé, e assim poderão apagar as flechas inflamadas do Maligno. Coloquem o capacete da salvação e peguem a espada do Espírito, que é a Palavra de Deus" (Ef 6,15-17).

Carta aos Filipenses

O primeiro nome da antiga vila era Krenides ou "Cidade das fontes", por causa das fontes de água que brotavam no local. Tinha sido fundada pelos habitantes da ilha de Tasos, a doze quilômetros do mar, sobre uma colina de onde se vislumbrava uma vasta planície muito fértil. Seu porto natural era a vila de Neápolis, hoje chamada Cavala.

Em 358-357 a.c., ameaçados pelos trácios, os habitantes de Krenides pediram auxílio ao rei da Macedônia, Filipe II, pai de Alexandre Magno. Filipe II veio em sua ajuda e mudou o nome da vila para Filipos, em honra de seu pai, Filipe I, rei da Macedônia. Filipe II fortificou e aumentou a nova cidade.

Filipos ocupava um ponto estratégico, pois dominava todas as rotas de caravanas da Grécia e da Trácia. Por ela passava a importante via Egnácia, que unia a Itália à Ásia Menor. No ano 168 a.c., Filipos foi conquistada pelos romanos. Éfeso ficava cerca de mil e cem quilômetros distante de Roma.

Eis alguns tópicos desta carta:

- Quem começou a Boa-Nova nos cristãos e cristãs haverá de completá-la, contanto que tenham o mesmo modo de pensar e o mesmo amor, o mesmo ânimo, pensando a mesma coisa. É preciso viver afastado desta geração perversa e má. Paulo manda afastar o cristão que dá mau exemplo na comunidade.

- Para continuar dando exemplo é preciso imitar o apóstolo do Senhor, "acolhendo a Palavra com a alegria do Espírito Santo, apesar de tantas tribulações" (1Ts 1,6). O voto do apóstolo é: "Que o Senhor os faça crescer e aumentar no amor mútuo e para com todos, assim como é o nosso amor para com vocês" (1Ts 3,12).

- A vida cristã é destinada para a ressurreição. Não sabendo quando tudo isso acontecerá, "cuidem que ninguém retribua o mal com o mal, mas procurem sempre o bem uns dos outros e de todos", pois fiel é Deus que nos chama (1Ts 5,15).

Segunda Carta aos Tessalonicenses

Tessalônica foi fundada em 315 a.C. por Cassandro, general de Alexandre Magno, no lugar de uma antiga vila chamada Thermas. Para habitar a nova cidade, Cassandro transferiu a população de muitas pequenas vilas do golfo Termaico.

O nome da cidade foi uma homenagem de Cassandro a sua mulher, Thessalonike, irmã de Alexandre Magno, filha de Filipe II da Macedônia. Thessalonike tinha nascido no dia da vitória de seu pai sobre os tessálios em 353 a.C. Tessalônica, de fato, significa "vitória sobre os tessálios".

A cidade de Tessalônica ocupava um lugar privilegiado e estratégico no mar Egeu. Estava situada no fértil vale do rio Vadar, protegida ao norte pelas montanhas Khortiatis e aberta ao sul para o golfo Termaico. Seu porto era um dos mais movimentados do mar Egeu. Distava cento e cinquenta quilômetros de Filipos pela via Egnácia, que colocava em contato com a região do Épiro, de um lado, e com o Bósforo, de outro.

Na época de Paulo, era, no dizer de Estrabão, "a metrópole da Macedônia – a mais populosa cidade". O escritor romano Cícero, que se exilou ali de maio a novembro de 58, escreveu: "Tessalônica está situada no meio do nosso império" (*Ad Atticum* 3,19). O poeta Antípatro (50 a.C.-25 d.C.), nela nascido, a celebra como "Mãe de toda a Macedônia".

Nesta carta o apóstolo ordena que cristãs e cristãos vivam preparados para afrontar o Anticristo, sabendo que "o próprio nosso Senhor Jesus Cristo e Deus nosso Pai, que nos amou e por sua graça nos dá consolo eterno e esperança feliz, concedam-lhes ânimo ao coração e os fortaleçam para que façam e falem tudo o que é bom" (2Ts 2,16-17). Não cessemos, portanto, de praticar o bem.

Os temas trabalhados em 1 e 2 Ts permanecem atuais. O anúncio da palavra é sempre novo.

O motivo do nosso contínuo agradecimento a Deus é este: quando ouviram a Palavra de Deus que anunciamos, vocês a acolheram não como palavra humana, mas como ela realmente é, como Palavra de Deus, que age com eficácia em vocês que acreditam (1 Ts 2,13).

De outra parte, muitos são os que hoje anunciam a Palavra com fins enganosos, anunciam ainda o "fim do mundo" (por ignorância ou com objetivos econômicos), enganando multidões. Palavra de Deus é palavra que produz a vida e não o medo!

III. AS MULHERES NA IGREJA DA PATRÍSTICA

PERPÉTUA E FELICIDADE[1]

Estamos na comunidade cristã de Cartago, no norte da África. Uma Igreja notável na Antiguidade cristã. Grandes nomes a tornaram preeminente. Entre eles sublinhamos Tertuliano, Cipriano e Agostinho, bem como uma infindável galeria de mártires.

O primeiro volume da coleção História da Igreja, *A Igreja dos apóstolos e dos mártires*, de Daniel-Rops, tem o fascínio de debruçar-se sobre os primórdios do Cristianismo, quando quase se sente ainda o alento da presença física do Mestre. Observamos a constituição da Igreja, os seus ímpetos iniciais e os dilemas que teve de resolver desde a primeira hora, o seu assombroso crescimento e desenvolvimento sob a ação do Espírito vivificador. Uma terceira raça, que se desprenderia do Judaísmo e se oporia ao paganismo, insere-se agora nos rumos da História, não sem embates dolorosos que se estendem, sangrentos, até o advento de Constantino. Ao longo dos primeiros quatro séculos, o período abrangido por este

---

[1] CLÉMENT, Olivier. Santas Perpétua e Felicidade. Disponível em: <http://www.ecclesia.com.br/biblioteca/hagiografia/ss_perpetua_e_felicidade.html>.

volume e esta apresentação vai acompanhando a ação dos apóstolos, principalmente dessas colunas da Igreja que foram São Pedro e São Paulo; a gesta de sangue dos mártires; o perfil dos grandes santos e santas e dos primeiros forjadores das letras e das artes cristãs; o desenrolar do culto, da liturgia da Missa e da piedade; a formação dos quadros – sempre dentro do marco de uma sociedade que vemos desagregar-se numa lenta agonia, numa exaustão que talvez se esteja repetindo nos tempos atuais, mas que, também como hoje, se abre em última análise à esperança da *revolução da cruz*. É todo um processo de revezamento, a que não faltam as sombras dos conflitos internos e o claro-escuro dos erros que se prenunciam. Num retrato vivo da natureza humana, afloram os *lapsi* e todo o painel desconcertante das heresias e dos sectarismos, que, no entanto, conduziram à formulação da teologia cristã e aos grandes concílios da primeira era, e de que a Igreja saiu robustecida na sua autoridade e unidade. Dessa encruzilhada decisiva para os destinos da humanidade, Daniel-Rops oferece-nos, com inusitada perfeição de estilo, uma análise que prende pela sua exatidão e leveza, mas sobretudo pelas linhas de reconstituição, que permitem apreciar objetivamente o poder prodigioso da fé na renovação das instituições por dentro, quando individual e coletivamente se tem os olhos postos no Senhor que ultrapassa a História e se vive com a esperança fincada nas promessas da vida eterna.

As santas mártires *Perpétua e Felicidade* são as mais célebres. Felicidade, que se encontrava grávida quando de sua prisão pelas autoridades romanas, vindo a dar à luz na própria prisão, era escrava de Perpétua. A narração da coragem demonstrada pelas mártires e de seu sacrifício é detalhadamente conservada por confessores da fé cartagineses e por Tertuliano, um escritor de sua época. Seus nomes estão no Cânon Romano até os dias de hoje. São invocadas tanto na "Ladainha dos Santos e Santas" como na "Oração Eucarística 1ª", na parte destinada à "comemoração dos defuntos".

A cripta com o nome de Santa Perpétua foi encontrada há alguns anos nas ruínas da antiga Cartago.

Estas santas foram martirizadas por decapitação no Anfiteatro de Cartago no ano de 203. O martírio aconteceu na perseguição de Sétimo Severo. Quando foi presa, Perpétua tinha um filho recém-nascido e Felicidade estava no final da gravidez. A lei romana proibia matar uma mulher neste estado. A comunidade cristã pediu com tanta fé que Felicidade deu à luz uma menina, que foi confiada a mulheres cristãs. Ao carcereiro que zombava dela, dizendo que não suportaria os tormentos do martírio, uma vez que gritara tanto no momento de dar à luz. Felicidade respondeu intrepidamente: "Aqui sou eu que sofro. Naquele momento um outro sofrerá por mim". Todos os acusados e acusadas proclamaram ser cristãos e cristãs. Preferiam a morte a abjurar a fé.

Os algozes fizeram muitos esforços para dissuadi-los. Então eles foram sendo martirizados um a um. Chegando a vez de Perpétua, recordavam-lhe que era jovem e de família rica. Mas ela proclamava que estava decidida a ser fiel a Jesus Cristo até a morte.

Nem o pai, que não era cristão, conseguiu demovê-la. Embora se comovesse com a presença dele, disse com intrepidez: "Eu sou cristã e não posso me dizer pagã. Sou cristã e quero continuar sendo para sempre".

Os homens foram levados ao circo para ser destroçados pelas feras no dia da festa do imperador. As mulheres seriam amarradas diante uma vaca furiosa. As pessoas que seriam martirizadas poderiam organizar uma ceia. Perpétua e seus companheiros preferiram celebrar uma ceia eucarística. Após a comunhão, todos se abraçaram com o ósculo da paz, dispostos a entregar a vida por amor a Cristo.

Após serem vilipendiados, eles derramaram seu sangue. Amarradas uma à outra com arame, Perpétua e Felicidade foram colocadas no centro da arena. Soltaram uma vaca bravíssima para as destroçar. Perpétua ajeitava as vestes, para não dar espetáculo aos pagãos. No final de seu suplício, foram decapitadas.

SANTA CECÍLIA [2]

Sua veneração na Igreja é antiquíssima. Segundo uma tradição dos primórdios, Cecília pertencia a uma das principais famílias do tempo. Desde cedo, ainda muito jovem, havia consagrado sua virgindade a Deus.

Seus pais, contudo, segundo a tradição de então, haviam-na prometido em matrimônio a um nobre, Valeriano. Contudo, Cecília, amavelmente, disse a Valeriano que um anjo de Deus a defendia e guardava sua virgindade. Se ele, Valeriano, quisesse ver o anjo de Deus, que se convertesse ao Cristianismo. Valeriano, então, fez-se instruir pelo Papa Urbano. Com ele converteu-se também seu irmão, Tibúrcio.

O prefeito de Roma proibira sepultar os corpos dos cristãos. Contudo, Valeriano e Tibúrcio dedicaram-se a sepultar os corpos de todos os cristãos e cristãs que encontrassem. Ambos foram presos e levados diante do prefeito de Roma.

Como não quisessem adorar Júpiter, mas somente o verdadeiro Deus do céu e a seu Filho Jesus Cristo, eles foram violentamente açoitados e condenados à morte. Ao serem martirizados, eles animavam os demais cristãos de

---

[2] Santa Cecília, virgem e mártir. Disponível em: <http://www.arautos.org/especial/21116/Santa-Cecilia.html>.

Roma para que sofressem igualmente, mas que não fossem infiéis à santa religião.

Logo a seguir foi presa Cecília. Foi-lhe ordenado que renunciasse à religião de Cristo. Ela preferiu morrer a renunciar. Foi levada a um forno muito quente para que os gases a sufocassem. Ela, contudo, cantava alegremente.

Como os suplícios não a silenciassem, o tirano ordenou que lhe cortassem a cabeça. Antes de morrer, Cecília pediu, ao Papa Urbano, que sua casa fosse convertida em um lugar de oração, e assim foi feito.

Antes de morrer, Cecília havia repartido todos os seus bens entre os pobres. Seu corpo conserva-se incorrupto na Igreja que lhe foi dedicada em Roma.

MACRINA, A JOVEM[3]

Natural de Cesareia, onde viveu de 324 a 379 d.C., aí veio a falecer. Ela é originária de uma família cristã. Seus pais foram Basílio, o Velho, e Emélia. Sua avó, Macrina, a Velha, e seus irmãos, Basílio Magno e Pedro de Sebaste também foram bispos e santos da Igreja. São Gregório de Nissa, que escreveu sua vida, afirmou: "Suas vidas eram exaltadas aos céus. Caminhavam para o alto na companhia dos poderes do céu". Macrina não se casou, pois seu noivo morreu quando ela tinha doze anos. Então se dedicou à vida religiosa.

Macrina tornou-se conhecida por sua santidade e instrução. Pode-se dizer que ela exercitou profunda influência sobre seus irmãos. Macrina tornou-se a sua maior professora, e os

---

[3] GONZALEZ, Justo L. Macrina, a Jovem. Disponível em: <http://www.e-Cristianismo.com.br/pt/biografias/252-macrina-a-jovem>.

resultados se conhecem pela sua sabedoria. A primeira biografia de Macrina deve-se a Gregório de Nissa. Nela o bispo dá realce à sua santidade, bem como à sua proeminente cultura.

Macrina faleceu em 379, na propriedade de sua família na província do Ponto. Com o apoio do irmão, Pedro de Sebaste, Macrina transformara aquele local em um mosteiro e um convento. Para homenagear a irmã, Gregório de Nissa escreveu o "Diálogo sobre a alma e a ressurreição". A Igreja comemora Santa Macrina no dia 19 de julho.

SANTA INÊS[4]

Numa de suas homilias, Santo Ambrósio falou de Santa Inês como uma personagem muito conhecida do povo daquele tempo. Recorda que Inês vem de *Agnus* e que significa "pura", e acrescenta o santo:

> Diz-se que ela estava somente com treze anos quando foi martirizada. Notemos o poder da fé que pode fazer mártires em tão tenra idade. Quase não havia lugar para tantas feridas em tão pequeno corpo. Mostrou-se tão valente diante das mais ensanguentadas mãos dos carrascos e não desanimou quando teve de arrastar com grande barulho tão pesadas correntes. Ofereceu seu pescoço à espada do soldado que já estava furioso com sua resistência. Levada contra sua vontade diante do altar dos ídolos, levantou suas mãos puras para Jesus Cristo rezando. Desde o profundo da fogueira, fez o sinal da cruz, sinal da vitória de Jesus Cristo. Apresentou suas mãos e seu pescoço diante das argolas de ferro. Seu pescoço e mãos, contudo, eram tão pequenos, que aqueles ferros não conseguiam abarcá-los.

---

[4] Santa Inês. Disponível em: <http://www.cademeusanto.com.br/santa_ines.htm>. Também: Santa Inês, virgem, mártir. Disponível em: <http://www.paginaoriente.com/santosdaigreja/jan/ines2101.htm>.

Todos choravam, menos ela. O povo admirava a generosidade com a qual Inês brindava ao Senhor uma vida que apenas estava começando a viver. Estavam todos assombrados que, em tão tenra idade, uma mártir pudesse ser tão valorosa para o louvor e a honra da Divindade.

SANTA PRISCILA[5]

A perseguição a cristãos e cristãs na comunidade de Roma durou vários séculos. É o tempo heroico da Igreja das catacumbas e dos mártires.

As catacumbas, verdadeiros cemitérios, foram os lugares escolhidos pela comunidade cristã para se refugiar e sepultar os seus mártires, considerados por ela como verdadeiras relíquias.

Conhecida em todos os documentos litúrgicos antigos, a Catacumba de Priscila abre-se para a Via Salária, tendo a entrada ao lado do Convento das Irmãs Beneditinas de Priscila. Pela quantidade de mártires nela sepultados, este cemitério era chamado de "regina catacumbarum". Situa-se junto de uma pedreira. Esta catacumba passa a ser utilizada para o sepultamento da comunidade cristã a partir do final do século II.

Nela se encontram as relíquias de Priscila, nobre dama da família romana Acilia. Julga-se que Priscila era esposa do cônsul Acilio, convertido ao Cristianismo e também ele executado por ordens de Domiciano.

---

[5] No livro *A Igreja das catacumbas e dos mártires*, Henri Daniel-Rops descreve a situação heroica vivida e sofrida pelas comunidades dos primórdios. Priscila faz parte desse período heroico.

SANTA PAULA E SANTA EUSTÓQUIA[6]

São Jerônimo foi o maior conhecedor das línguas bíblicas na Antiguidade cristã. Grande asceta e místico, ele soube rodear-se de pessoas colaboradoras que o seguiam e o sustentavam com seus bens. Mosteiros dotados de ricas bibliotecas brotaram da intensa atividade do santo e de suas mais próximas colaboradoras.

Entre elas notabiliza-se Paula, que enviuvara aos 32 anos. Empregou sua imensa fortuna no amparo dos pobres e no sustento do trabalho que fazia Jerônimo como tradutor e escritor da Bíblia, a *Vulgata*. Paula formara um círculo de mulheres bem-nascidas e bem-educadas, incluindo algumas oriundas das mais nobres famílias patrícias romanas, como as viúvas Leia e Marcela.

Com Toxocio, com quem se casara, teve quatro filhas e um filho. Duas filhas a acompanharam para a Terra Santa: Blesila e Eustóquia. Corria o ano de 385 quando deixaram Roma. Visitou Santo Epifânio em Chipre. Reuniu-se com São Jerônimo e outros peregrinos em Antioquia. Visitaram os lugares santos da Palestina. Foram ao Egito para conhecer os monges e anacoretas do deserto. Um ano depois chegaram a Belém, onde Paula e Estóquia se colocaram sob a direção de São Jerônimo.

Todas dominavam o latim, o grego e o hebraico e ajudaram Jerônimo na tradução latina da Bíblia, a *Vulgata*.

Elas colaboravam com ele nos cuidados da casa e na leitura e escrita. Quando Paula morreu, Eustóquia assumiu a direção espiritual das três comunidades religiosas que eram governadas pela mãe.

---

[6] Nos três anos que passou em Roma a convite de Paula, hospedando-se em casa de Marcela, Jerônimo escreveu a obra *De custodia virginitatis* (cf. *Ep* XXII, *PL* 22,394-425).

Paula foi amiga de Marcela, de Santo Epifânio e de Paulino, bispo de Antioquia. Construiu igrejas, um hospital e um mosteiro, do qual foi abadessa. Veio a falecer em 404, com cinquenta e seis anos de idade. Durante sua última enfermidade, a santa repetia incansavelmente os versos dos salmos que expressavam o desejo da alma de ver a Jerusalém celestial e de se unir com Deus.

Foi sepultada na Basílica da Natividade, em Jerusalém.

SANTA MARCELA[7]

Quando pequena, Marcela conheceu Santo Atanásio, ficando extasiada pelas suas histórias sobre o heroísmo, a austeridade e o ascetismo dos monges egípcios. Foi casada por sete meses, ficando posteriormente viúva. Recusou sempre novas núpcias.

Dedicou sua vida aos trabalhos de caridade. Seu palácio, no Aventino, tornou-se centro de reunião de cristãos e cristãs. Aí se encontrava um grupo de pessoas nobres, desejosas de viver uma vida de austeridade e ascetismo. Entre elas contamos Marcelina, seus irmãos Ambrósio e Sátiro, Asela, Leia e suas filhas. Marcela dava notável exemplo para todos. Como asceta, abstinha-se do vinho e da carne.

Passava seu tempo na leitura das Escrituras, orando e visitando as igrejas dos apóstolos e mártires. Nunca falava com um homem quando estivesse sozinha.

Marcela recebeu São Jerônimo quando este chegou a Roma, e ele ficou três anos em sua casa, guiando sua escola/mosteiro para devotas que ensinavam jovens no estudo das Escrituras e orações. Marcela converteu inúmeras pessoas ao

---

[7] Santa Marcela. Disponível em: <http://www.cademeusanto.com.br/santa_marcella.htm>.

Cristianismo e era uma mulher de grande habilidade intelectual. Não tinha medo de se confrontar com o mestre Jerônimo.

Quando os visigodos invadiram Roma em 410, o rei Alarico ordenou que ela fosse presa e torturada a fim de revelar o local de seus tesouros, que já tinham sido doados para os pobres. Marcela foi torturada impiedosamente. Pediu que poupassem sua aluna Princípia, que foi solta. Não resistindo, contudo, aos ferimentos, veio a falecer em agosto de 410.

Correspondia-se com frequência com São Jerônimo, que a dirigia espiritualmente. Ele respondia às suas perguntas. Jerônimo a chamava a "glória das damas romanas". Onze de suas cartas para Santa Marcela estão guardadas na Biblioteca Vaticana.

PEREGRINAÇÃO DE ETÉRIA[8]

Etéria foi uma viajante e peregrina espanhola do século IV. Deixou uma obra chamada *Peregrinação de Etéria*.

A obra é um verdadeiro painel da vida da Igreja na Terra Santa do fim do século IV. O fino senso de observação de Etéria, devota e perspicaz peregrina, legou à posteridade um documento valioso que merece ser apreciado por todos os cristãos e cristãs, bem como por pessoas estudiosas das mais diversas áreas. Tal estudo poderá também ser de grande proveito para a Igreja do século XXI.

Etéria descreve suas peregrinações a diversos lugares bíblicos. Ademais, a obra trata da liturgia e da catequese em Jerusalém no século IV.

O texto de Etéria chegou incompleto aos dias de hoje, com lacunas significativas. Contudo, a obra é de grande importância histórica e litúrgica.

---

[8] Cf. a obra traduzida e comentada por Alberto Beckhauser, *Peregrinação de Etéria:* liturgia e catequese em Roma no século IV (Petrópolis: Vozes, 2004).

SANTA MÔNICA

Mônica nasceu em 332, na cidade de Tagaste, na Argélia, que fica no norte da África. Sua família era abastada. Foi criada por uma escrava, que cuidava dos filhos dos senhores. Desde criança era muito religiosa e disciplinada. Amante das pessoas pobres, ajudava-as sempre com muita paciência e mansidão.

Mônica casou-se com um nobre chamado Patrício. Ele era um *decurião* (membro do conselho de Tagaste). Possuía terras, escravos e uma boa posição social. Patrício, porém, era homem rude e violento. Essa situação foi motivo de muito sofrimento e orações de Santa Mônica.

Mônica teve três filhos: Agostinho, Navígio e Perpétua, que se tornou religiosa. Agostinho era o mais velho e lhe causou muitas tristezas. A dificuldade com Agostinho chegou a tal ponto que, para ensiná-lo que nossas ações neste mundo têm consequências, Mônica o proibiu de entrar em casa. Mas ela nunca deixou de rezar pela conversão do filho. Rezava também pela conversão do marido e de Navígio, sempre com muita perseverança e paciência, nunca desistindo de sua fé cristã.

Mônica rezou anos a fio pela conversão de seu marido e de seus dois filhos. Sua perseverança foi compensada com a felicidade de ver todos convertidos para Deus. Sua constância foi tão marcante que ela rezou sem desanimar durante trinta anos pela conversão de Agostinho. E suas orações foram ouvidas: seu filho mais velho tornou-se o famoso *Santo Agostinho*, aquele que influenciou todo o Ocidente cristão, influxo que chega aos dias de hoje. Quando escreveu sobre sua mãe, entre outras coisas, ele disse: "Ela foi o meu alicerce espiritual, que me conduziu na direção da fé verdadeira. Minha mãe foi a intermediária entre mim e Deus".

Mônica foi uma cristã exemplar, cuja vida foi vivida para seu filho Agostinho, que deu testemunho de sua vida em 398, no nono livro das *Confissões*. Agostinho estava em Tagaste, hoje Argélia.

Ela deixou para todas as mães o ensinamento de que, além de educar os filhos e as filhas para viverem em sociedade, é preciso também educá-los para Deus, desenvolvendo neles a vida espiritual. Ensina, ainda, que mães e pais devem se preocupar com a salvação e santificação de seus filhos e filhas.

Ela implorou tanto pelo filho, entre lágrimas, que, um dia, ouviu Ambrósio, então bispo de Milão, assegurar-lhe que não seriam em vão diante de Deus as preces feitas com tantas lágrimas pela conversão do filho à Igreja.

Mônica seguiu seu filho por todas as partes, exortando-o a renunciar às suas desordens e à heresia dos maniqueus. Quando Agostinho se converteu, ela afirmou: "Agora posso morrer feliz, meu filho, pois nada mais tenho a desejar".

Ela é padroeira das viúvas, mães, donas de casa, vítimas de violências de todos os tipos: adultérios, abusos verbais, alcoolismo na família, filhas e filhos problemáticos. É protetora contra todas as drogas, bem como de casais com dificuldades no matrimônio.

Santa Mônica faleceu no ano 387, aos cinquenta e seis anos de idade. Santo Agostinho, no seu famoso livro autobiográfico intitulado *Confissões*, construiu um monumento indelével à memória de Santa Mônica. O corpo de Santa Mônica foi descoberto em 1430. O Papa Martinho V transportou-o para Roma e depositou-o na Igreja de Santo Agostinho.

Ó Deus, consolo dos aflitos e salvação dos que em vós esperam: Bondosamente recebestes as lágrimas que Santa Mônica derramou pela conversão de seu filho Agostinho. Concedei-nos, pela intercessão de ambos, a graça de chorar nossos pecados e gozar as verdadeiras alegrias do Espírito.

SANTA ESCOLÁSTICA[9]

São muito poucos os dados da vida de Escolástica, e foram escritos quarenta anos depois de sua morte, pelo santo Papa Gregório Magno, que era beneditino. Ele recolheu alguns depoimentos de testemunhas vivas para o seu livro *Diálogos* e escreveu sobre ela apenas como uma referência na vida de Bento, pai dos monges ocidentais. Escolástica viveu entre 480 e 10 de fevereiro de 547. Irmã gêmea de São Bento, nasceu na Itália. Eram filhos de nobres. O pai, Eupróprio, ficou viúvo quando eles nasceram, pois a esposa morreu durante o parto. Ainda jovem, Escolástica se consagrou a Deus com o voto de castidade, antes mesmo do irmão, que estudava retórica em Roma.

Escolástica fundou, então, o primeiro mosteiro feminino ocidental, baseando-o na vida em comum, conceito introduzido na vida dos monges por Bento.

Dele recebeu a orientação de viver em comunidade duradoura e organizada, dividindo rigorosamente o próprio tempo entre a oração, o trabalho ou estudo e o repouso.

Mais tarde, Bento fundou o mosteiro de Monte Cassino, criando a Ordem dos Monges Beneditinos. Escolástica, inspirada por ele, fundou um mosteiro, de irmãs, com um pequeno grupo de jovens consagradas. Estava criada a Ordem das Beneditinas,

---

[9] Santa Escolástica. Disponível em: <http://www.paulinas.org.br/diafeliz/?system=santo&id=18>. "Quando Nosso Senhor veio ao mundo, trouxe-nos um mandamento novo: 'Como eu vos tenho amado, assim também vós deveis amar-vos uns aos outros' (Jo 13,34). Este amor levado às últimas consequências propiciou-nos a Redenção. E um relacionamento humano regrado e bem conduzido deve seguir o exemplo do Divino Mestre. O verdadeiro amor ao próximo é aquele que se nutre por outrem por amor a Deus e que tem o Criador como centro, visando à santidade daqueles que se amam. Já ensinava Santo Agostinho que só existem dois amores: ou se ama a si mesmo até o esquecimento de Deus, ou se ama a Deus até o esquecimento de si mesmo". Disponível em: <http://www.arautos.org/especial/33850/Santa-Escolastica--Quando-o-amor-vence-a-razao-.html>.

que recebeu tal nome em homenagem ao irmão, seu grande incentivador e elaborador das Regras da comunidade.

Mesmo vivendo em mosteiros próximos, Bento e Escolástica só se encontravam uma vez por ano, para manterem o espírito de mortificação e elevação da experiência espiritual. Isso ocorria na Páscoa, numa propriedade do mosteiro do irmão. Certa vez, Escolástica foi ao encontro do irmão acompanhada por um pequeno grupo de monjas, quando Bento chegou também acompanhado por alguns discípulos. Passaram todo o dia conversando sobre assuntos espirituais e sobre as atividades da Igreja.

Ao entardecer, seu irmão se levantou e disse: "Adeus, irmã. Até o ano que vem". "Meu irmão", suplica Escolástica, "não vá embora. Passemos toda a noite falando das coisas de Deus." "O que dizeis, Escolástica? Ignorais que não posso passar a noite fora da clausura do mosteiro?"

Escolástica não respondeu. Abaixou a cabeça, colocou-a entre suas mãos e rezou fervorosamente ao Senhor. O céu, que estava claro, turvou-se de repente, desencadeou-se uma copiosa chuva acompanhada de relâmpagos e trovões, como nunca se havia visto naquelas paragens.

"O que fizestes, minha irmã?" E Escolástica respondeu: "Pedi-vos e não me quisestes ouvir; pedi a Deus e ele me ouviu. Meu irmão, Deus preferiu o amor à Regra. Agora, saí, se podeis, deixai-me e voltai ao vosso mosteiro". E assim, impossibilitados de voltar, passaram a noite toda em práticas espirituais.

Três dias depois, de sua cela, Bento viu a alma de sua irmã deixar a terra e subir aos céus sob a forma de uma branquíssima pomba. Enviou um dos seus monges para recolher os despojos da irmã e trazê-los ao seu mosteiro, para que fossem enterrados num túmulo que havia preparado para si mesmo debaixo do altar de São João Batista, no lugar preciso do altar de Apolo que ele tinha derrubado.

Era o ano de 547, contava Escolástica provavelmente com sessenta e sete anos de idade. Uns quarenta dias depois, São Bento anunciou sua morte próxima a alguns discípulos. Efetivamente, segundo a opinião comum, ele faleceu no dia 21 de março de 547.

SANTA FILOMENA[10]

Filomena era filha dos reis de um pequeno Estado da Grécia. Ela nasceu após seus pais converterem-se ao Cristianismo, no dia 10 de janeiro. Foi uma bênção de Jesus, pois a rainha era estéril. No batismo, recebeu o nome de Filomena, que significa 'filha da luz da fé'. Aos doze anos, fez os votos de virgindade e tornou-se esposa de Jesus.

Muito cedo, aos treze anos, foi prometida ao imperador Diocleciano em troca de pacificações por confrontos políticos. O imperador ficou impressionado pela beleza da jovem. Filomena, que havia feito juramento de virgindade, recusou-se a casar, escolhendo o Senhor por seu esposo. Foi, então, colocada num cárcere e flagelada violentamente até sangrar. Como fosse curada milagrosamente, foi lançada no rio Tibre com uma âncora amarrada ao pescoço.

Como as ondas não a arrastassem, Diocleciano ordenou que a flechassem. Com o corpo todo ferido com as flechas, foi lançada de novo no cárcere.

---

[10] Santa Filomena. Disponível em: <http://www.paulinas.org.br/diafeliz/?system=santo&id=683>.

No dia seguinte, contudo, foi encontrada com o corpo sadio, livre de qualquer marca das flechas. O tirano ordenou que a ferissem com flechas em chamas. Estas, porém, voltavam-se contra os algozes, matando a muitos deles. Por fim, o imperador mandou que a decapitassem.

Seus restos mortais foram encontrados em 1802 e enviados à Diocese de Nola em 1805. Neste mesmo ano, as suas relíquias foram para a paróquia de Mugnano del Cardinale, onde se encontram até hoje.

Entretanto, o corpo de Santa Filomena só foi encontrado nas catacumbas de Priscila, em Roma, no dia 25 de maio de 1802. A sepultura estava intacta, fato realmente raríssimo, e foi aberta na presença de autoridades civis, religiosos da Igreja e peritos leigos. Durante as escavações, ainda encontraram: três placas de terracota, com as seguintes inscrições: *Pax te Cum Fi Lumena*, ou seja, *A paz esteja contigo, Filomena*. O caixão tinha os entalhes de uma palma, três flechas, uma âncora, um chicote e um lírio, indicando a forma de seu martírio e morte. Dentro dele estavam as relíquias do corpo de uma jovem e um pequeno frasco com um líquido vermelho ressequido. Os peritos verificaram que o corpo era de uma jovem com cerca de treze anos, que tinha o crânio fraturado e que teria vivido no século IV. Assim, finalmente, foram encontradas as relíquias da jovem mártir Santa Filomena, que ficaram sob os cuidados da Igreja Católica.

Essas relíquias foram transferidas para a Igreja de Nossa Senhora das Graças, em Nápoles, onde muitas graças e milagres foram alcançados por intercessão da santa, bem como ocorreram em muitas outras partes do mundo cristão. O seu santuário tornou-se um centro de intensa e frequente peregrinação.

O dominicano monsenhor Mastai Ferretti, que se tornou o papa Pio IX em 1849, foi ao Santuário de Santa Filomena, em Nápoles, e celebrou uma missa na igreja em agradecimento à graça e intercessão da santa, que o curou de uma doença grave. Outros pontífices declararam-se fiéis devotos de Santa Filomena, entre eles o papa Leão XII, que a proclamou "a grande milagrosa do século XIX". Foi o papa Gregório XVI que a nomeou "Padroeira do Rosário Vivente" e escolheu o dia 11 de agosto para a sua festa.

Entretanto, as sequências dos estudos e descobertas posteriores mostraram que a sepultura de Santa Filomena havia sido utilizada, ao longo dos séculos, para abrigar outros mártires. Diante de tal conclusão, a Igreja, durante a reforma universal dos ritos litúrgicos, em 1961, suprimiu-a do calendário.

Mas os reconhecimentos oficiais dos milagres por intercessão de Santa Filomena, a legião de fiéis e peregrinos, a própria devoção particular de papas e muitos santos continuam dando vida a esta celebração como marca da grande e intensa manifestação de fé que o povo tem pelo Redentor.

SANTA HELENA[11]

Helena significa "tocha resplandescente". Ela é famosa no Cristianismo por ter sido a mãe do imperador Constantino, que deu liberdade aos cristãos. Atribui-se a ela o fato de ter encontrado a Santa Cruz de Cristo em Jerusalém.

Helena nasceu em meados do século III, na Bitínia, atualmente no sul da Rússia. Seu pai era um hoteleiro e ela era muito formosa. Indo o general Constâncio Cloro por aquelas regiões, enamorou-se dela, com quem se casou. Desse casamento nasceu Constantino.

---

[11] Santa Helena. Disponível em: <http://evangelhoquotidiano.org/main.php?language=PT&module=saintfeast&id=11587&fd=0>; Também: Flávia Júlia Helena, a Santa Helena. Disponível em: <http://www.dec.ufcg.edu.br/biografias/StHelena.html>.

Tempos depois, para ter acesso ao governo, Constâncio Cloro repudiou Helena a fim de se casar com outra. Helena foi deixada de lado durante quatorze anos, levando uma vida de santidade. Com a morte de Constâncio Cloro, Constantino foi proclamado imperador, após a vitória da Ponte Mílvia. Em sonho, Constantino teria visto uma cruz com esta inscrição: "Com este sinal vencerás".

Constantino declarou, então, que o Cristianismo seria religião livre. Estava começando um novo tempo para a religião cristã. Até o ano de 313, Constantino ainda não era cristão. Após essa batalha, deu-se a conversão de Constantino. O imperador ordenou o fim das perseguições contra os cristãos, através do famoso documento chamado *Édito de Milão*, do ano 313. Graças a ele, o Cristianismo passou a ter os mesmos direitos das demais religiões. Anos mais tarde, o imperador Teodósio nomeou o Cristianismo religião oficial do Império Romano.

Helena foi nomeada "Augusta" por seu filho, Constantino, que mandou fazer moedas com sua efígie. Ele deu, ademais, ordens para que Helena pudesse dispor de dinheiro para suas obras de caridade.

Helena, já com certa idade, foi para Jerusalém, onde encontrou a cruz na qual foi crucificado Jesus Cristo e as cruzes dos que foram crucificados com ele. Posteriormente, encontrou a gruta da Natividade e o lugar onde Cristo esteve com seus discípulos antes de subir aos céus.

Embora fosse mãe do imperador, Helena era mulher simples em seu modo de se vestir e de viver. Era muito caridosa para com os pobres e muito piedosa, passando horas rezando no templo.

Na Terra Santa, fez construir três templos: um no Calvário; outro no monte das Oliveiras, que recebeu o seu nome; e o terceiro em Belém.

SANTA EULÁLIA

Tendo apenas quatorze anos, apresentou-se voluntariamente às autoridades pagãs invectivando-as por sua impiedade. Foi torturada cruelmente com ferros em brasa e depois morreu numa fogueira.

Eulália significa "a que fala bem". Nasceu em 294, início do século IV. Natural da Espanha, sua vida foi descrita pelo poeta Prudêncio. Quando completou doze anos, foi publicado um édito do imperador Diocleciano proibindo que os cristãos adorassem seu Deus. Ao contrário, deviam sacrificar aos ídolos. Eulália, então, tomou o propósito de protestar junto aos delegados do governo.

Temerosa do que a filha pudesse fazer, sua mãe a levou para o campo. Ela fugiu para a cidade de Mérida. Apresentou-se ao governador Daciano e diante dele protestou valentemente: "Querem cristãos? Eis uma!". Afirmava que as leis do imperador eram injustas e não podiam nem deviam ser obedecidas pelos cristãos e cristãs. A princípio Daciano quis subvertê-la com presentes, fazendo-lhe promessas. Vendo, contudo, que não a movia de seu propósito, passou a ameaçá-la com todos os objetos de tortura que seriam utilizados contra ela caso persistisse em não obedecer à lei do imperador que mandava sacrificar aos deuses, proibindo adorar Jesus Cristo.

Como queria, na impetuosidade da adolescência, foi levada a julgamento. Ordenaram novamente que ela adorasse um deus pagão, dando-lhe sal e incenso para que depositasse diante do altar. "Eulália, ao invés, derrubou a estátua do deus pagão, espalhando para longe os grãos de incenso e sal. A sua recusa em oferecer os sacrifícios deixou furioso Daciano, que mandou chicoteá-la até que seu corpo todo ficasse em chagas e sangrando."

A jovem respondia a todas as ameaças: "Só adorarei ao Deus do céu. A ele unicamente oferecerei sacrifícios e queimarei incenso. A ninguém mais!".

O juiz pagão ordenou que flagelassem seu corpo, queimando as feridas com tochas acesas. A linda cabeleira de Eulália pegou fogo. Ela morreu queimada, afogada pela fumaça. "Depois foi queimada viva com as tochas dos carrascos. Era 12 de fevereiro de 304."

Afirma o poeta Prudêncio que, no momento da morte, o povo viu uma pomba branquíssima que voava em direção ao céu. Os verdugos, então, saíram correndo amedrontados por terem matado uma inocente. O solo foi coberto de neve, bem como a região ao redor do local do martírio, até que depois alguns cristãos deram honrosa sepultura ao corpo da jovem mártir. No lugar da sepultura ergueu-se um templo em honra da santa. A esse templo vinham os peregrinos para rezar à tão valente jovem, a fim de conseguir favores por sua intercessão.

Seu culto tornou-se tão popular, que o próprio Santo Agostinho fez sermões em sua honra. Sua festa foi colocada no dia 12 de fevereiro.[12]

Jovem mártir Eulália:

Recomendamos à tua proteção tantos jovens, eles e elas. Neste tempo eles não devem lutar com tiranos e sim com os que querem que dediquem seu tempo à sensualidade, às drogas, aos vícios, às más amizades e ao

---

[12] Santa Eulália. Disponível em: <http://www.cademeusanto.com.br/santa_eulalia.htm>.

pecado, verdadeiros monstros muito piores que os ídolos. São perseguidores mais cruéis que os que matavam o corpo. Eles matam a vida da alma.

Nós te recomendamos, Santa Eulália, a nossa juventude que vive no meio de tantos perigos, correndo cada dia o risco de ser infiel a Jesus Cristo. Por tua intercessão, o Senhor nos proteja e guarde. Amém.

ALGUMAS CONSIDERAÇÕES CONCLUSIVAS

A Bíblia não ensina como vão os céus e sim *como se vai para os céus*. Esta frase, atribuída a Santo Agostinho, ensina o valor e a preciosidade da iluminação bíblica para a vida cristã, para conhecer o seu passado e orientar o seu futuro.

Tal foi a pretensão deste livrinho: conhecer nossas origens. Descobre-se, então, que nossa vida atual não se enquadra no projeto original de Deus. Ele, ao criar os seres humanos, não os fez diferentes uns dos outros. Ao contrário, *homem e mulher* os criou. Eles são da sua mesma natureza e do seu mesmo sopro vital. A eles *confiou* a mesma responsabilidade: *gerar e fazer crescer a vida*.

No projeto inicial do Criador, *no princípio* os seres humanos foram criados profundamente iguais.

A realidade histórica da humanidade sofreu um duro golpe: *a desigualdade dos sexos*. O resultado foi a busca de supremacia de um sexo sobre o outro, a escravização daquela que foi dada como *companheira* do homem, a *carne da sua carne*. Dessa forma, uma parte da humanidade é violentamente ultrajada pela outra. As mulheres passam a ser denominadas *sexo frágil* e causa do pecado. Existe um ditado francês indicativo desta situação. Se acontece algum fracasso a um homem considerado bom, certo e incorrupto, dizem: *Cherchez la femme* – procurai a mulher! De alguma forma, ela estaria metida nisso. Essa afirmação, vindo de uma cultura que era considerada *filha da Igreja*, mostra o tamanho do nosso preconceito antifeminista. A frase *Cherchez la femme* foi forjada por Alexandre Dumas, pai, e data de 1854. Ela foi usada em muitos espetáculos de lá para cá e serviu para forjar muitas argumentações! O que impressiona é que não sofreu reações suficientes nos âmbitos social, moral, educacional ou religioso. A impressão que se tem é que a sociedade regride nesse ponto. O Cristianismo não pode ser eximido pelas ações nefastas dos seus seguidores e seguidoras!

Olhar para a Bíblia é ver a história dos primórdios da Igreja (tão desconhecida), é descobrir uma história, a *nossa história*, cheia de fraquezas e misérias. É descobrir, outrossim, esta profunda constatação: de companheira a mulher passou a ser objeto de prazer e serva do homem.

O idílio do "eis a carne de minha carne, osso de meus ossos..., os dois serão uma só carne..." transmuta-se em acusação: "A mulher que me deste por companheira me seduziu ao pecado". *A vida do casal, com muita frequência, se transforma em guerra!* Mas a Bíblia nos ensina que a revelação de Cristo restaura a justa ordem das coisas. "No princípio não foi assim..." E a ordem inicial do Gênesis volta ao seu primitivo brilho. São Paulo sintetiza: "[...] em Cristo Jesus não há homem nem mulher; nem escravo nem livre... todos somos um!". O *um* da criação original, eis a razão do mistério da encarnação. A frase de Agostinho é cada vez mais válida: "O verdadeiro amor ao próximo é aquele que se nutre por outrem por amor a Deus e que tem o Criador como centro, visando à santidade daqueles que se amam". Já ensinava Santo Agostinho, no século V, que só existem dois amores: *ou se ama a si mesmo até o esquecimento de Deus, ou se ama a Deus até o esquecimento de si mesmo.* Amar de modo pleno foi, no fundo, a razão e o objetivo deste despretensioso opúsculo.

SUMÁRIO

Apresentação 7

CAPÍTULO I
Considerações introdutórias 9

Maria, a Mãe de Jesus 9

Maria de Nazaré: fatos ligados
aos evangelhos sinóticos 10

A anunciação do anjo 10

A visita a Isabel (Lc 1,39-45) 13

O nascimento de João: a alegria dos hinos 13

O nascimento de Jesus (Lc 2,1-21) 14

A apresentação no Templo (cf. Lc 2,2-40) 14

Jesus entre os doutores (cf. Lc 2,41-50) 15

Algumas considerações 16

Maria no quarto Evangelho 16

As bodas de Caná (Jo 2,1-11) 19

Ao pé da cruz (Jo 19,25-27) 21

A formação das primeiras
certezas da fé sobre Maria 21

A virgindade...22

A maternidade divina 23

A Imaculada Conceição...25

A assunção ao céu em corpo e alma 26

Maria, Mãe da Igreja 27

CAPÍTULO II
A iluminação da Sagrada Escritura...........................29

Introdução genérica ao Livro do Gênesis 29

As mulheres no Antigo Testamento 30

Eva, a mãe dos viventes...30

Sara e outras mulheres do "ciclo de Abraão".............32

O Êxodo e a formação de um povo
"só para Deus" 34

O papel de Moisés...35

Mulheres no Livro de Josué 37

O Livro dos Juízes 38

O Livro de Rute 40

Os livros de Samuel...41

Os livros dos Reis 43

O Livro de Ester..45

O Livro de Jó 47

Cântico dos Cânticos 51

O Livro dos Salmos...55

O Livro do profeta Isaías 70

O Livro de Oseias..74

As mulheres na formação do Novo Testamento..............77

Zacarias-Isabel e João Batista........................78

Ana e Simeão..80

As mulheres que acompanharam o Senhor..............81

Nos evangelhos de Mateus e Marcos....................83

No Evangelho de São João..............................87

As mulheres ao pé da cruz..............................94

As mulheres nos Atos dos Apóstolos....................95

A ação da mulher nas cartas de Paulo..................98

CAPÍTULO III
As mulheres na Igreja da Patrística....................109

Perpétua e Felicidade..................................109

Santa Cecília..112

Macrina, a Jovem......................................113

Santa Inês..114

Santa Priscila..115

Santa Paula e Santa Eustóquia........................116

Santa Marcela..117

Peregrinação de Etéria................................118

Santa Mônica..119

Santa Escolástica....................................121

Santa Filomena......................................123

Santa Helena..125

Santa Eulália..127

Algumas considerações conclusivas....................131

Impresso na gráfica da
Pia Sociedade Filhas de São Paulo
Via Raposo Tavares, km 19,145
05577-300 - São Paulo, SP - Brasil - 2015